ここで
働きたいと言われる
会社になる

中小企業のための

人が辞めずに育つ人事制度

荻須清司
OGISU KIYOSHI

幻冬舎MC

ここで働きたいと言われる会社になる
中小企業のための
人が辞めずに育つ人事制度

はじめに

日本経済を支える中小企業にとって、「人材の定着・成長」は長年にわたる大きな課題のひとつです。多くの経営者は、優秀な人材を採用し、育て、そして会社に根付かせることの難しさを日々痛感しています。

劣悪な職場環境や、昇給・昇格の不透明さ、不安定な経営状況など、企業自体に問題を抱えていれば人材の定着・成長に影響があるのは当然のことですが、近年では、社会環境の変化も大きな原因の一つです。

特に、我が国では、生産年齢人口（15〜64歳）が急減していくなかで深刻な人手不足が根を張り、毎年続く最低賃金の大幅な引き上げ、原材料の高騰、社会保険料の負担増加など、さまざまな要因によって中小企業を取り巻く環境はますます厳しくなっています。

そのような状況のなか、テレビやネットで流れる転職をあおるようなＣＭ、リモートワークの普及などによる人間関係の希薄化も加わり、やっとの想いで採用した人材も定着しにくくなってきています。

しかし、要因はどうであれ、人材が定着・成長しない状況が続けば、企業経営が立ち行かなくなります。特に社員数の少ない中小企業にとってはより切実な問題になるため、一刻も早く解決策を見いだし、実行に移さなければなりません。


私はこれまでの約20年間、経営・人事コンサルタントとして、こういった中小企業の人事に関する悩みや課題を解決するための数多くの支援をしてきました。その中で、人材定着の課題を解決するためには、社員のエンゲージメント（会社と社員が一体となって、相互の成長に貢献し合う関係性）を高め、「この会社で働きたい！」「この会社で成長したい！」と思ってもらうことがとても大切であるということを繰り返し伝えています。

なぜなら、中小企業は組織規模が小さいため、社員同士の距離が近く、また早い段階から大きな裁量をもって仕事に携わることができ、社員のエンゲージメントを高める環境をつくりやすい土壌だからです。社員同士のつながりを強く感じれば「この会社で働きたい！」と思ってもらえ、大きな裁量をもって仕事に取り組み、成長を実感してもらえれば「この会社で成長したい！」と考えてもらえます。小さな組織規模を活かし、自然とエンゲージメントが高まる環境づくりをすることで、中小企業は人材定着の課題を解決することができるのです。

そして、その環境づくりを実現する鍵となるのが、本書でお伝えする「人事制度」です。

ここでいう「人事制度」とは、大企業が取り入れているような「公平な評価をして、賃金を決める仕組み」のことではありません。

社員に働く喜びを提供して成長意欲を引き出す「縁あって共に働く社員たちが、心豊かに働ける仕組み」のことをいいます。単に、「公平な評価をして、賃金を決める仕組み」ではなく、社員一人ひとりが、互いのつながりや自身の成長を感じ、エンゲージメントを高めることができる仕組みが、中小企業にふさわしい「人事制度」なのです。

そのような「人事制度」を構築して、貢献意欲の高い人材の定着を実現すれば、企業がより大きく発展するための礎を築くことができるのです。

本書では、私がこれまでのコンサルティング活動の中で実践してきた経験に基づいて、社員の定着率と成長意欲を高める「中小企業のための人事制度の考え方とその構築方法」について述べています。また、人事制度構築後に、スムーズに運用するための具体的な進め方やノウハウについてもご紹介しています。

本書が「ここで働きたい！　成長したい！　と言われる会社」をつくるための一助となれば、私にとってこれほどうれしく、心豊かになることはありません。

目次

第2章

「ここで働きたい」と言われる会社になる！

人材不足に悩む中小企業こそ人事制度を活かすべき

第3章

大企業とはここが違う

中小企業のための〝人が辞めずに育つ人事制度〟

第5章

「成長支援型人事制度」をつくるための10のステップ

"人が辞めずに育つ人事制度"のつくり方

第6章

自分の成長を自分で感じられる人は少ない
〝人が辞めずに育つ人事制度〟は「フィードバック」がポイント

第7章

社員のエンゲージメントが高まり定着率アップ
“人が辞めずに育つ人事制度” 5つの成功事例

第8章

〝人が辞めずに育つ人事制度〟の構築が社員の働く喜びをつくる

人材定着はゴールではなく、未来へ踏み出す第一歩

第 1 章

社員の離職が止まらず、
人材定着のために何をすればいいのか
分からない……

打つ手が見いだせず
八方ふさがりの
中小企業経営者

求人広告はもはや効果なし!?　採用難のリアル

「求人広告を出したのですが、ほとんど反応がありませんでした……」

全国の中小企業支援に奔走する私のもとには、このような悩みを抱えた中小企業の経営者からの相談があとを絶ちません。リクルートワークス研究所が実施した２０２５年３月卒業予定の大卒求人倍率調査（図１）では、３００人未満の企業で求人倍率が突出して高いことが分かります。

かつては「求人広告を出せば人は集まる」という時代がありました。しかしいまや、その常識は通用しなくなっています。労働条件を上げても、福利厚生を充実させても、思うように応募が集まらないのが現状です。

ある製造業の社長はこう嘆いています。「新卒採用の会社説明会を開いても、数名しか来ません。内定を出した学生には、大手企業への就職をあきらめたくないからと辞退される始末です。このままでは会社の存続すら危うい……」

図1　企業規模別の大卒求人倍率の推移

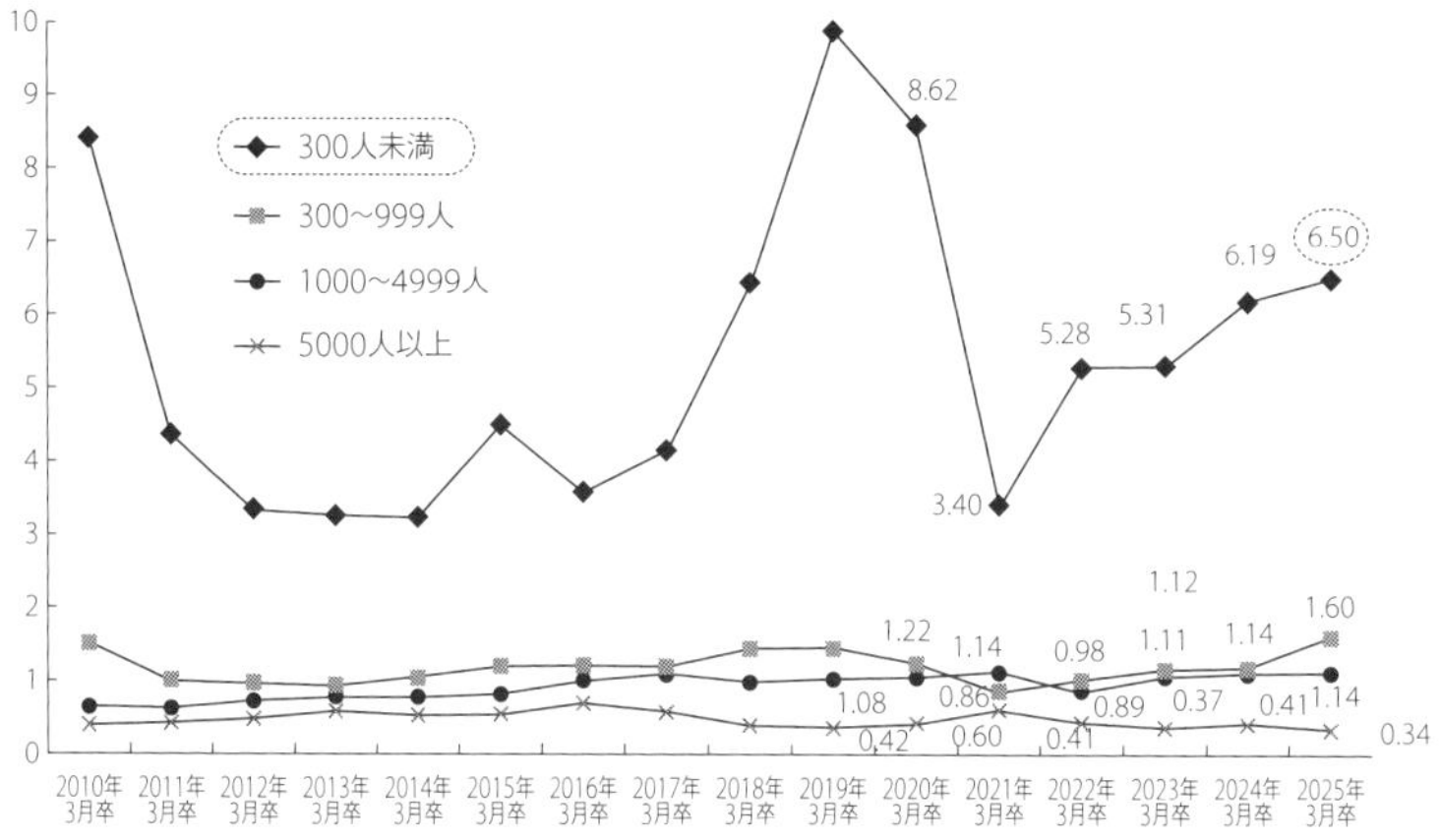

リクルートワークス研究所　第41回ワークス大卒求人倍率調査　2024年4月25日発表

図2　2024年の人手不足倒産件数推移

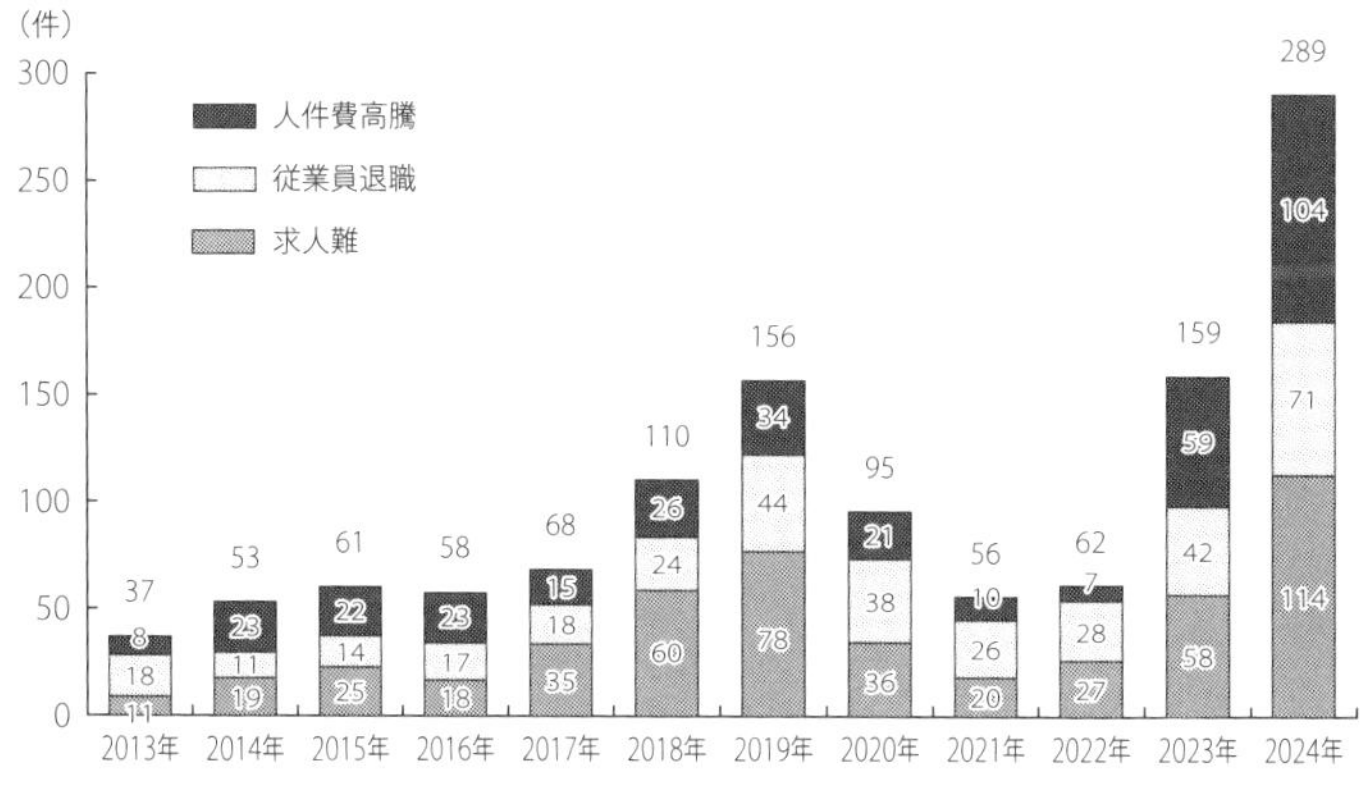

東京商工リサーチ　2024年企業倒産白書　2025年1月14日発表

このような悩みは決して特別なことではありません。東京商工リサーチの調査によれば、2024年の人手不足による倒産件数は289件と、前年度の1・8倍に急増しています。これは同調査を開始した2013年以降、過去最多となります。倒産理由の内訳を見ると「求人難」が114件（前年の1・9倍）、「人件費高騰」が104件（同1・7倍）、「従業員退職」が71件（同1・6倍）とすべてで急増しています（図2）。

賃金競争だけでは解決できない。社員の「辞めます！」問題

採用の厳しさに加えて中小企業経営者を悩ませているのが、既存社員の離職問題です。厚生労働省「新規学卒者の離職状況調査（2024年10月公表）」による高卒3年以内離職率（2021年3月卒業者）では、5人未満企業で62・5%、5〜29人の企業で54・4%、30〜99人の企業で45・3%と中小企業が大苦戦しています。1000人以上の企業の27・3%と比べて、実に、1・7〜2・3倍の離職率になっているのです。

「入社3年目の社員が突然、退職を申し出てきました。給与は同業他社と比べても決して低くないのですが……」「せっかく育てた若手社員が次々と辞めていってしまい、もう採用や教育に投資する気力がうせそうです」。このような相談を受けるたびに、私は経営者の方々に問いかけます。「なぜ社員は辞めていくのでしょうか？」と。

多くの経営者は「給与が安いから」や「待遇に不満があるから」と考えがちです。確かに、給与は大きな要素ですが、実際に退職者の本音を聞いてみると、必ずしもそうではないことが分かります。

WEBマーケティングを行うアクシスワンによる、全国で22歳以上49歳以下の会社員（正社員・契約・派遣社員）、自営業、自由業の人1000人を対象に行った調査によると、退職した経験がある609人中42・5％（259人）が「会社に伝えた退職理由はタテマエだった」と回答しています。つまり4割以上の人が、会社に「ホンネの退職理由」を言わずに退職しているのです。

具体的な退職の理由を見ていくと、確かに「給与や賞与などの収入への不満」は上位に

図3　退職理由のタテマエとホンネ

会社に伝えた退職理由・本当の退職理由はなんですか？

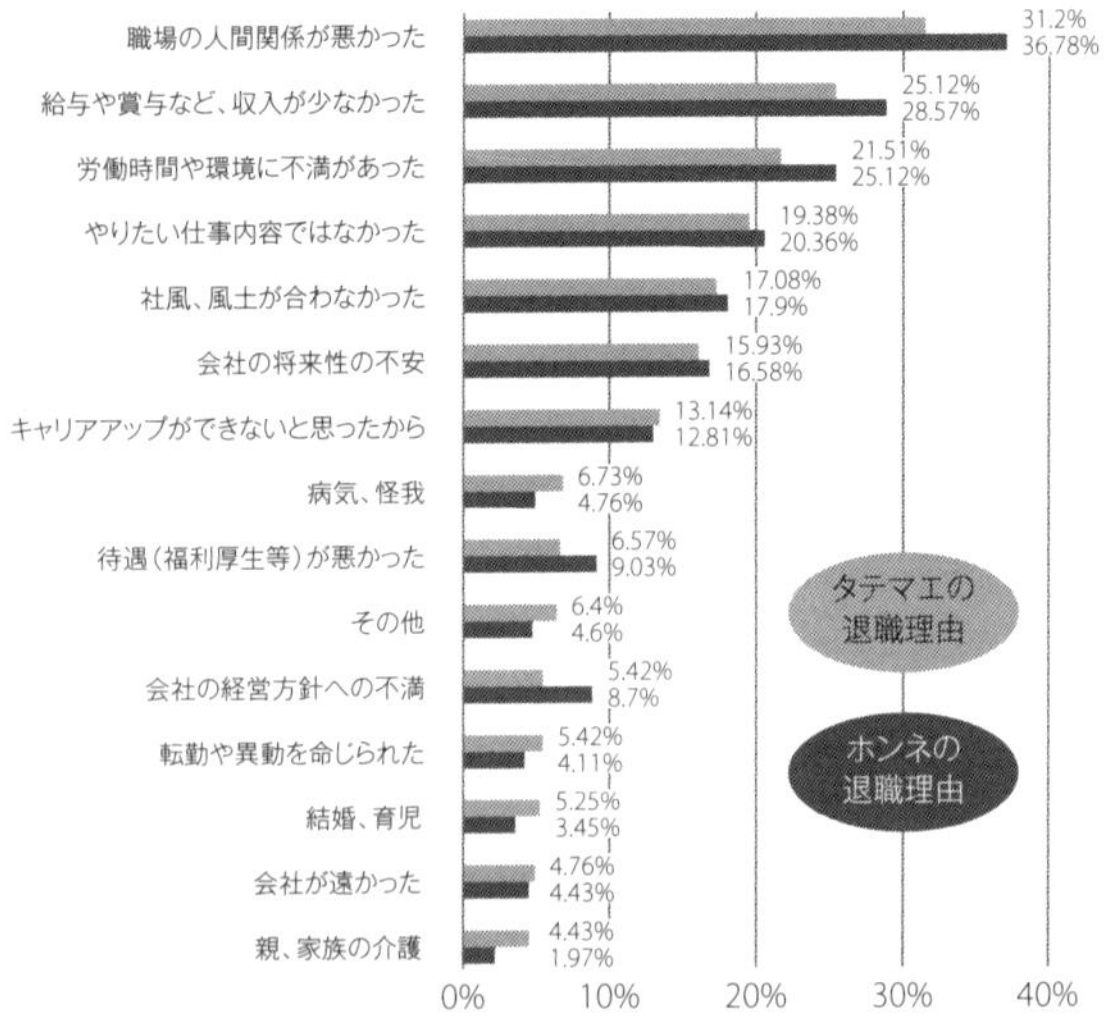

株式会社アクシスワン　離職・退職理由についての調査　2022年9月

入っていますが「職場の人間関係が悪かった」と回答する人がいちばん多く、「社風、風土が合わなかった」など、会社の人間関係・雰囲気・社風のミスマッチから退職する人が多いことが分かります。また、それ以外にも「やりたい仕事ではなかった」「会社の将来性の不安」「キャリアアップができない」といった、金銭や待遇以外の要因が多くを占めています。つまり、社員の離職を防ぐためには、給与面の改善だけでは不十分であるということがお分かりいただけると思います（図3）。

これは、中小企業における人材定着の問題が、単なる待遇改善だけでは解決できない、多面的な課題であることを明確に示しているのです。

人事制度への誤解と失敗

「うちには人事部がないから」「中小企業だから」――このような言い訳は、もはや通用しない時代になっています。特に中小企業では、人事制度そのものを「大企業向けのもの」「コストがかかるだけの面倒な仕組み」ととらえ、必要性を軽視しているケースが目立ちます。

企業が優秀な人材を確保し、育成し、定着させるためには、従来の「経験や勘」に頼る人事施策では限界があります。それは、設計図を持たずに、基礎工事を省略して家を建てるようなものです。このような不安定な状態では、時間が経つにつれて組織全体にゆがみが生じ、最終的には、働き手がいなくなることによる崩壊につながるのです。

一方で、「人事制度を導入したものの、期待した成果が出ない」という声もよく聞かれます。高額なコンサルティング費用をかけて導入したにもかかわらず、思ったような効果が得られないばかりか、むしろ混乱を招いてしまうケースも少なくありません。

その大きな要因の一つは、制度導入の目的が曖昧なまま進められることにあります。「なぜこの制度を取り入れるのか」という問いへの答えがないまま、他社の仕組みをそのまままねすることが多いためです。人事制度は、企業の持続的な成長と発展を支える不可欠な基盤ですが、その導入や運用においては、中小企業では誤解や偏った認識がしばしば見られます。

「中小企業には人事制度は不要」という誤解

中小企業では、「社員数が少ないから人事制度は必要ない」という考え方が根強く見られます。確かに、小規模な組織では経営者が社員一人ひとりと直接コミュニケーションをとることができるため、制度を必要としないように感じるかもしれません。しかし、こうした状況は経営者の主観や感情が評価や処遇に影響を与えやすく、不公平感や不信感を生みやすい環境をつくり出します。この誤解が、制度導入を妨げる一因となっています。

「大企業の制度をそのまま使う」という落とし穴

中小企業の中には、成功している大企業の人事制度を模倣することで自社の課題を解決しようとするケースがあります。しかし、社員数が少なく、一人ひとりの役割が多岐にわたる中小企業においては、大企業向けに設計された複雑な制度をそのまま使っても、現場でうまく機能しないことがほとんどです。こうした不適切な導入は、逆に不満や混乱を招きかねません。

「制度を導入すればすべて解決する」という過信

人事制度の導入に対して過度な期待を寄せることもまた、失敗の原因となります。「制度をつくれば社員の問題が解決する」といった考え方は誤りです。実際には、制度の構築だけでなく、それをどのように運用するかが鍵となります。人事制度は一般的に、構築2割、運用8割といわれています。したがって、運用の重要性を軽視することで制度が形骸化し、社員の不満やモチベーションの低下につながるケースが多く見受けられるのです。

「制度は一度つくれば大丈夫」という固定観念

人事制度は「一度つくればそれで大丈夫」という固定観念をもつ企業も少なくありません。事業環境や社員のニーズは絶えず変化していくにもかかわらず、制度の見直しや更新を怠ることで、現状にそぐわない仕組みが残り続ける状況が生まれます。このような制度は、むしろ企業の柔軟性を奪い、社員を混乱させるだけで、企業の成長を妨げる要因となるのです。

こうしたことが原因となり、本来の意図とは裏腹に、社員の不満を助長する結果に終わるケースが見受けられます。人事制度に関する正しい理解を深めるとともに、企業の規模や特性に適した柔軟かつ具体的な対応策を講じることが必要になります。

人事制度の迷走――つくっただけでは解決しない

中小企業の経営者にとって、人事制度の構築・導入は、社員の定着率向上への期待から、魅力的な解決策と映ることが多いでしょう。しかし、単に「制度をつくり、導入するだけ」では期待した効果を生むことは難しいのです。それは、まるで最新の機器を購入しても、取扱説明書を読まずに動かそうとしているような状況に例えることができます。

人事制度を成功に導くためには、それが単なるルールの集まりではなく、継続的に運用し、改善する文化を醸成することが必要です。特に中小企業では、制度が企業文化や現場の実情に合っていなければ、形骸化してしまう可能性があります。そのため、柔軟に「ケースバイケース」で対応しなければならないのです。運用の段階では、現場の声をどれだけ効果的に引き出し、それを制度の改善に活かすかが成否の分かれ目となります。

会社の成長を考えるとき、人事制度には「人が辞めずに、成長する仕組み」が欠かせません。社員が安心して長く働ける環境を提供することは、経営の安定と直結します。「辞めない」ためには、評価や賃金の適正さだけでなく、個々のキャリアや成長を支援する仕組みが必要です。例えば、成長を実感できる教育制度や、働きやすさを向上させる柔軟な働き方の導入などが考えられます。このような取り組みを通じて、社員が「この会社で働き続けたい」と思える環境を整備することが、企業の未来を支える基盤となるのです。

生産年齢人口の減少により人材の獲得がますます難しくなっていく現状では、人材の価値を高めることこそが、企業の成長戦略に直結するのです。このような状況の中、人事制度そのものを見直し、新しい視点を取り入れることが重要です。単に「評価し賃金を決める仕組み」だけでは、社員の成長を十分に支援することはできません。

多くの経営者が人事制度への投資を躊躇《ちゅうちょ》する理由として「評価と賃金決定だけ」と誤解していることが挙げられます。しかし、人事制度の本来の目的はその先にあるのです。社員のキャリアを支援し、働く意欲を引き出す仕組みとして存在するものなのです。それを実現するためには、「社員を思う姿勢」が欠かせません。例えば、定期的な面談を通じて社員一人ひとりの頑張りや悩みに向き合うことが、成長を支援する制度の運用を成功に導く第一歩になります。

私は経営者の方々から人事制度構築のご相談をいただいたときは、「まずは小さく始めてみましょう」とお伝えしています。社員との対話を重ね、現場の声を吸い上げることで、実践的かつ効果的な人事制度が形作られていきます。そして、この取り組みを続けることが、社員に「ここでずっと働きたい」と思われる会社を築く第一歩となります。それは、企業にとって最大の財産である豊かな人材リソースを育み、成長と発展を力強く支えるものとなるのです。

第2章

「ここで働きたい」

と言われる会社になる!

人材不足に悩む
中小企業こそ
人事制度を活かすべき

人間の「やる気」「意欲」を高める要因は何か

人事制度はただつくるだけでは意味がなく、運用と改善を繰り返しながら、社員と会社が共に成長していくための基盤として機能する必要があります。その答えを探るために、まずは「そもそも人は何に対して、仕事への『やる気』や『意欲』をもつのか」について考えていきます。

アメリカの臨床心理学者であり経営学者でもあるフレデリック・ハーズバーグ（1923〜2000年）が提唱した「二要因理論（動機づけ・衛生要因理論）」は、人の「やる気」や「意欲」を高める要因を解き明かした、代表的なモチベーション理論の一つです。1959年に発表された理論ですが、現代のビジネスシーンにおいても色あせない示唆を与えています。

ハーズバーグは、200人余りの労働者へのインタビュー調査を通じて、仕事に対して満足・幸福や不快・不満といった感情を抱く要因を分析しました。その結果、人間の欲求は大きく「動機づけ要因」と「衛生要因」の2つに分けられることを発見しました。

まず動機づけ要因(Motivational Factors)とは「あればモチベーションが上がり、『やる気』や『意欲』が高まる」要因のことです。達成感、承認、貢献、成長、仕事への興味関心、責任と権限などが挙げられます。これらの要因は、社員に「もっと頑張ろう!」「この会社で成長したい!」という意欲を促進する、いわば「やる気スイッチ」の役割を果たしますが、なくても不満をいだくものではない不可逆的なものとされています。

一方、衛生要因(Hygiene Factors)は、「ないと不満を感じ『やる気』や『意欲』の低下につながる」要素です。経営方針、賃金、労働条件、対人関係などが該当します。これらの要素は、職場環境を清潔に保つ衛生管理のように、不足すると社員の不満やストレスの原因となり、モチベーション低下につながります。

重要なのは、この2つの要因は、それぞれの領域で独立して影響を与えるということです。衛生要因が満たされているだけでは、真のモチベーションは生まれません。高額な賃金や快適なオフィス環境を提供しても、仕事内容が単調で達成感を得られない場合、社員の「やる気」は高まらないのです。

左ページの図4は、動機づけ要因と衛生要因の関係を視覚的に表したものです。ハーズバーグの二要因理論は、人事制度を考えるうえで重要な示唆を与えてくれます。それは、社員のモチベーションを高め、定着率を向上させるためには、衛生要因を整えるだけでなく、動機づけ要因を積極的に刺激する必要があるということです。

例えば「興味に合った仕事・責任のある仕事の割り当て」は動機づけ要因であり、これがあればあるほど社員の定着動機を高めることになります。一方「賃金」は衛生要因であり、これが高くても定着の動機にはつながりにくいといえます。つまり、離職を防止し、社員の定着を図るためには、衛生要因を整え、動機づけ要因を刺激する仕組みをつくっていくことが有効であるということです。

確かに、中小企業の現場でも社員の賃金を上げても喜んでやる気を出してくれるのは初めの3カ月程度であり、それを過ぎればもらって当たり前という権利意識に変わってしま

図4　ハーズバーグの二要因理論（動機づけ要因、衛生要因）

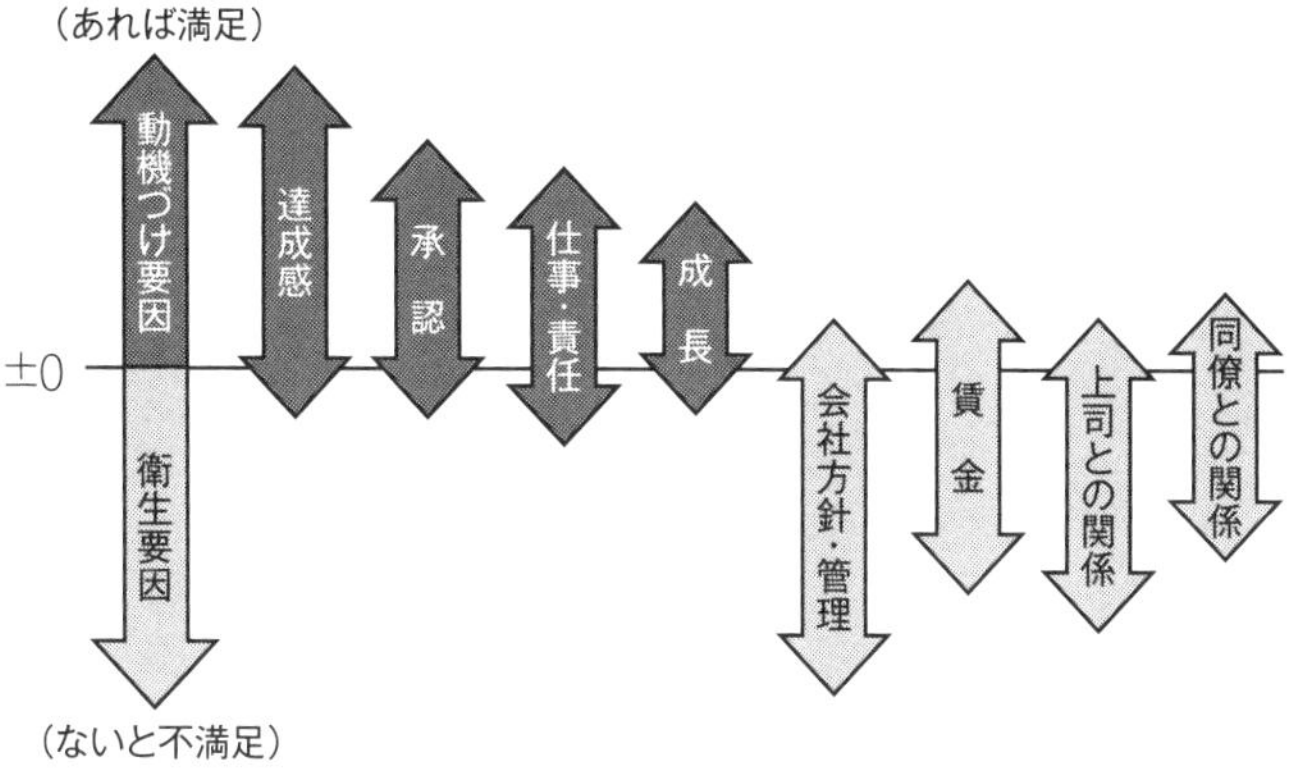

DIAMOND ハーバード・ビジネス・レビュー「モチベーションとは何か　二要因理論：人間には二種類の欲求がある」2003年4月号より著者加工作成

うことが多いのではないかと思います。それはその社員が悪いわけではなく、人間は誰しもそういう傾向をもっているものなのです。給与や賞与などの賃金向上は、離職防止・定着促進にとって一時的な効果はあっても、持続的な効果にはつながりにくいのです。

繰り返しになりますが、社員の離職を防ぎ「ここで働きたい！」「ここで成長したい！」と思ってもらうためには、衛生要因を整えるだけでなく、動機づけ要因の充実が重要です。特に「達成感」「承認欲求の充足感」「貢献感」「成長実感」などを得られる機会を増やし、それを強化する施策を講じる必要があるのです。これらの実感を提供する環境は、社員のモチベーションを高め、組織への定着と成長意欲を大きく後押しするはずです。実際、私が人事制度づくりや職場活性化のお手伝いをしている多くの中小企業の現場で感じる実感からいっても、モチベーションが高く元気に働いている社員には、次のような特徴があると感じます。

- 仕事を任され、目標を達成して心の充足を感じている
- 自分が人の役に立っているというやりがいを感じている
- 新しい仕事に挑戦し、成長に向かっていると感じている
- 自分の能力や行動が周囲から認められ、自分が必要とされていると感じている

こうした動機づけ要因が離職を防ぎ「ここで働きたい！」「ここでもっと成長したい！」と思える心理的な原動力になっているのです。

社員は「働きがい」のある会社で働きたい

社員のやる気や意欲が高い会社というのは、働きがいがある会社といえます。多くの人がそのような職場で働きたいと考えているはずです。

一般的に「働きがい」とは、次のような要素で語られることが多いです。

- 心の満足度:働くことで得られる喜びや価値
- 誇りと意欲:自分の仕事に誇りをもち、自発的に頑張れること

私は、これを次のような方程式で定義しています。

「働きがい」=「成長・貢献実感」×「働きやすさ」

つまり「働きがい」とは、仕事そのものの達成感や役に立っている喜び、やりがいなどを通して得られる自分自身の内的実感といった「成長・貢献実感=内的動機」と、安心し

て快適に働くことができる労働条件や雇用環境、会社の方針や働き方、職場の雰囲気といった「働きやすさ＝外的環境」との2つの要素の掛け合わせから成り立っているということです。

ハーズバーグの二要因理論でいえば、前者の「成長・貢献実感」が動機づけ要因、後者の「働きやすさ」が衛生要因にあたります。

私はこれを研修で伝えるときは、図5のように「働きがいとは」をホワイトボードに書いて説明しています。

「成長・貢献実感」が高い職場には、次のような特長があります。

●自分の未来が描ける：挑戦する場があり、キャリアパスが明確で成長機会が提供される
●認められる喜びがある：頑張りと承認され成長を促す人事制度がある、やりがいが感じられる、社員の意見やアイデアが尊重されている

また、「働きやすさ」が高い職場には、次のような特長があります。

●安心できる：会社に明確なビジョンと価値観がある、長期的に雇用が安定している

図5 働きがいとは

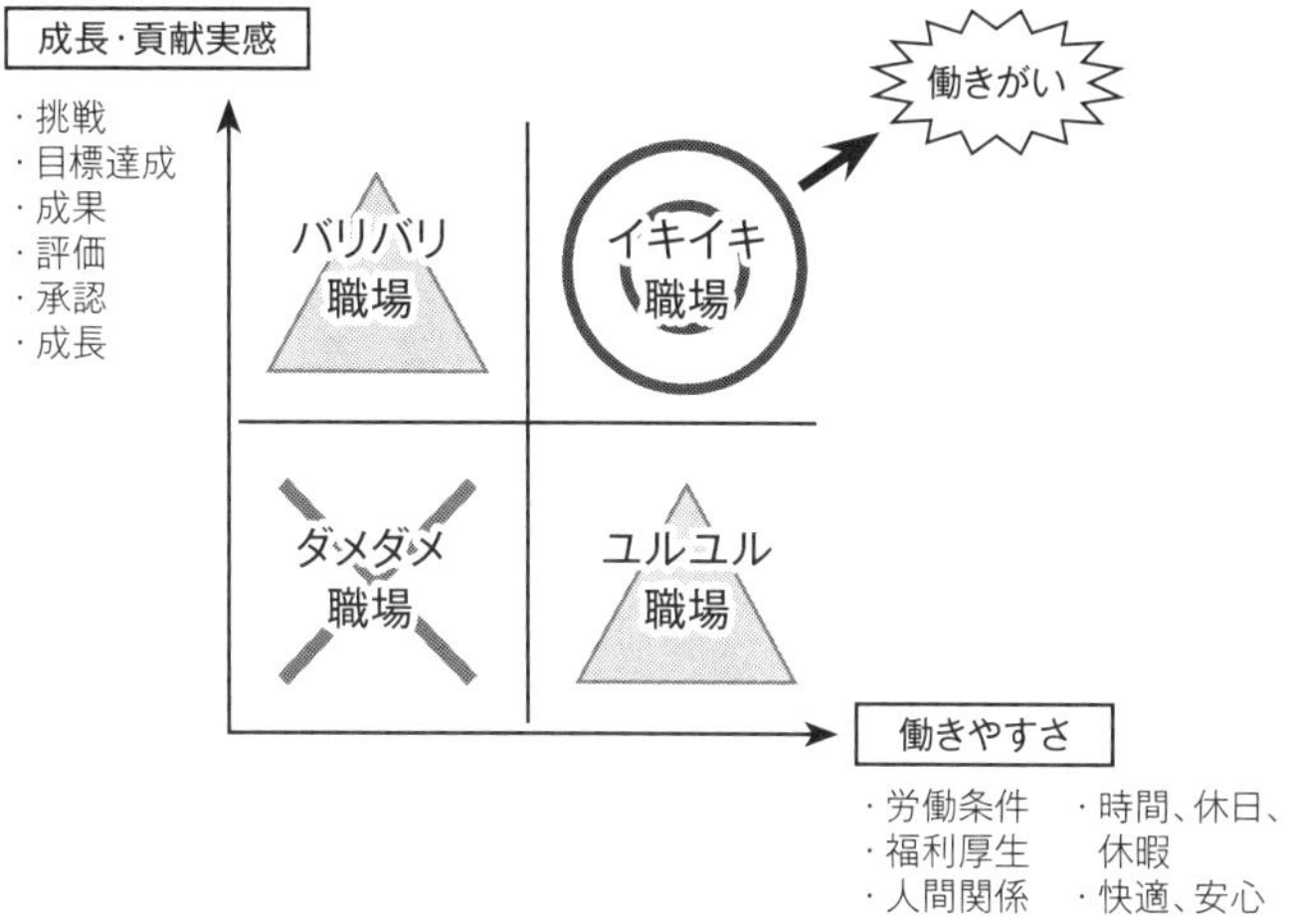

- 快適さと満足感がある:良好な職場環境と人間関係、給与や福利厚生が充実している
- 自分の人生に沿える:柔軟な働き方、ワークライフバランスが尊重されている

そして、この「成長・貢献実感」と「働きやすさ」の両方のバランスがとれた状態、すなわち、4象限の右上あたりに位置する職場(イキイキ職場)が、「働きがい」を多く感じることができると考えています。

これが、「成長・貢献実感」ばかりが高くて、「働きやすさ」が低い職場(バリバリ職場)は、個人への負荷や心理的負担が必要以上に大きくなってしまい、いくら「成長・貢献実感」があっても、「働かされている」「毎年、高い目標ばかり与えられてしんどい」「成果が達成できないと、叱責される」という感覚になってしまいます。それでは「働きがい」は感じられません。それどころか、一歩間違えるとパワハラなどが起こるブラック企業になってしまい、離職率が高くなるおそれがあります。

その逆に、「働きやすさ」ばかりが高くて、「成長・貢献実感」が低い職場（ユルユル職場）は、一見すると、仕事が楽で休日も多く、居心地が良いホワイト企業のように思えますが、「このまま勤めていても、自分は少しも成長できそうにない」「仕事は楽なのだけれど、自分が何かの役に立っているという手応えがない」「目標値が低く、やる気が出ない」などと思われて、成長意欲が高くて、優秀な社員から辞めていくという状況が起きる恐れがあります。

それに、休暇や賃金額などの条件面というのは他社との比較が簡単なので、会社としては条件をますます上げないといけなくなるという〝いたちごっこ〟になってしまい、ホワイト企業のほうがかえって離職率が高くなるという現象も実際に起こっています。

このように「働きがい」のある会社になるためには、衛生要因である「働きやすさ」をベースとしながら、同時に、動機づけ要因である社員の「成長・貢献実感」を高め、イキイキ職場を目指すことが重要になるのです。

「成長・貢献実感」を高めるために必要なこと

成長・貢献実感とは、自分の仕事を通じて「成長できている」「世の中に貢献している」「人から頼りにされている」という充実した感覚をもつことです。

人が成長や貢献を感じる瞬間には共通点があります。それは、他者からの感謝や称賛、認知が得られるときです。例えば、次のような言葉をかけられたとき、自分の努力や存在意義を強く実感できると思います。

「ありがとう。あなたのおかげでこの製品が完成したよ」

「一見何げない仕事のように見えるけれど、あなたの仕事は、実に多くの人に役立っている大切な仕事なんだよ」

「よくやったな。君の努力があったからこそ、ここまで達成できたんだ」

こうした言葉を通じて、上司や周囲の人が部下に寄り添い、認める姿勢を見せることが、部下の成長・貢献実感を高めるのです。

しかし、中小企業の現場を見渡すと、このようなフィードバックが苦手な経営者や上司がとても多いように思います。彼らの多くは、これまで自力で困難を乗り越え、もがき苦しみながら成長してきた経験から、次のように考える傾向があります。

「なぜ私が部下に寄り添わなければならないのか」

「部下自らが苦しむ経験をする必要がある」

「甘えさせるだけで、一人前にはなれない」

「自分のことは自分で考えるべきだ」

もちろん、自分を信じて自力で道を切り拓く姿勢は重要ですし、考え方自体は間違いではありません。しかし、それだけでは成長・貢献実感を育むには不十分です。むしろ、上司が部下の努力を認め、フィードバックを与えることで、彼らの内発的動機を引き出す土台をつくる必要があります。今後の企業成長には「寄り添い」と「適切な評価」の文化を醸成し、部下が自らの成長と貢献を実感できる職場環境を整えることが欠かせないのです。

今の時代は「寄り添う」こと、「自己重要感」を高めることが大切

高度経済成長期やバブル時代の日本では、景気が良く、新入社員でも毎年大幅に給与が上がり、物質的な豊かさを実感できる時代でした。また、生産年齢人口（15〜64歳）も増加していたため、部下の離職をそれほど気にすることもなく、上司が部下に寄り添うことはあまり必要とされていませんでした。物質的な豊かさ・経済的な成長が、そのまま幸福や成長実感につながっていたからです。

しかし、長く続く低成長の時代を迎えた現代では、物質的な豊かさ以上に精神的な豊かさが幸福の鍵となっています。外部からの追い風が期待できない中で、若い世代が成長や貢献を実感するには、身近な人からの寄り添いや声かけ、承認といった精神的な支えが欠

かせない状況になっています。

社員が働きがいを感じ「ここで成長したい」と思える職場をつくるには、日々のコミュニケーションで寄り添いや声かけ、承認を意識することが大切です。この取り組みは、社員の離職防止や定着・成長の促進にもつながります。

さらに重要だと考えているのが、会社における「自己重要感」です。これは「自分が会社にとって重要な存在である。価値のある存在である」と感じられる感覚を指します。これと似た言葉に自己肯定感や自己効力感がありますが、それぞれ意味が異なります。

自己肯定感は、ありのままの自分を受け入れ、自分自身を尊重できる感覚です。他人と比較せず、自分の価値や能力を信じられる心理状態を指します。自己効力感は、目標達成に必要な能力を自分が備えていると信じ、自分ならできると感じられる感覚です。一方「自己重要感」は、他者の言葉や表情を通じて「自分が役に立っている」「社会に貢献できている」と実感することで得られる感覚です。この実感から「自分は必要とされる重要な存在だ」「価値のある存在だ」との認識を生んで、精神的な安定をもたらします。

自己肯定感や自己効力感は自分の内面に依存するため、上司が無理やり高めようとするのは逆効果になりがちです。「自分を尊重しろ」「自信をもて」と強要されると、むしろ自信を失う場合もあります。一方、「自己重要感」は他者からの承認が不可欠です。上司が部下を認め、感謝や承認を伝えることで、その感覚を育むことができます。

私は、この「自己重要感」こそが、人の成長や貢献の実感を生む源泉だと考えます。成長や貢献は、他者からの承認や感謝を通して初めて実感されるものだからです。「自分は成長している」「誰かの役に立っている」「必要とされている」「世の中に貢献できている」という感覚は、他者との関わりを通じて得られるのです。

中小企業の原動力は、人と人との関係の濃さ

多くの中小企業経営者や社員と話して感じるのは、中小企業だからこそ「自己重要感」が高まりやすいということです。その理由は、中小企業では一人ひとりの距離が近く、人間関係が濃密だからです。

例えば、大企業では社員の一部が経営者と直接関わる機会が限られることが多いです

が、中小企業では経営者と社員が日常的に顔を合わせているため、経営者が全社員の名前を覚えていることは当たり前です。また、社員も経営者の理念や会社の価値観を身近に感じる機会が多く、上司や同僚の想いに触れる場面が自然と増えます。

さらに、顧客との距離も近いため、社員は自分の仕事が会社の歯車としてではなく、会社の柱として機能していることを実感しやすいのです。この直接的な手応えが「自分の存在が重要だ」という感覚を生み出します。

もちろん、人間関係が密であるがゆえに煩わしさや摩擦が生じることもあります。しかし、そのような困難も含めて、中小企業の最大の強みは人と人とのつながりにあるのではないでしょうか。

こうした関係性の中で生まれる感謝や承認の言葉は、社員に「自己重要感」を与え、「この会社で成長したい」「ここで働き続けたい」という意欲を高めます。これこそが、中小企業の原動力となるのです。

人事制度の「マインド」を「カタチ」にする

「ここで働きたい!」「ここでもっと成長したい!」と思える会社を目指すためには、社員が定着し、成長を実感できる環境を整えることが重要です。人事制度のマインドを単なる理念として掲げるだけではなく、具体的な仕組みや制度として形にすることで、その理想に近づけます。

社員の定着と成長を促すには、単なる衛生要因を整えるだけでは不十分です。動機づけ要因に焦点を当てた仕組みが必要となります。「働きやすさ」と「成長・貢献実感」の環境バランスが鍵です。特に現代においては、寄り添う姿勢を制度として反映させることが求められます。

「社員に成長してほしい」「もっと頑張ってほしい」「この会社を好きになってほしい」という想いだけでは、目指す姿に到達するのは難しいです。人の気持ちは移ろいやすく、熱意も冷めてしまいやすいものです。マインドを具体的に維持し、行動につなげるためには、それを「カタチ」として具現化しなければなりません。

カタチとは、単なる形式ではありません。マインドを基盤として設計された仕組みや制度を指します。それは社員と企業が目指すゴールを支えるための手段であり、このカタチを上手につくり、運用することで、「ここで働きたい！」「ここでもっと成長したい！」と心から思える職場が実現できるのです。

「ここで働きたい！」「ここでもっと成長したい！」と感じてもらえる中小企業には、社員の成長と貢献を支える仕組みがあります。その仕組みを設計し、活用することで、理想の会社を形づくることが可能になるのです。

第3章

大企業とはここが違う

中小企業のための“人が辞めずに育つ人事制度”

そもそも「人事制度」とは何か

中小企業の現場で「人事制度」という言葉を聞くと、多くの人は「評価ルール」や「賃金を決める仕組み」といった形式的なものをイメージするかもしれません。しかし、私がこれまで構築に携わってきた人事制度は、そうした単なる枠組みを超えたものです。社員が「ここで働きたい！」「ここでもっと成長したい！」と心から思える温かさや人間味を備えたものであることがとても大切だと考えています。

これまで私は、多くの中小企業で人事制度の構築や導入、運用実践をお手伝いしてきました。そのなかで確信しているのは、人事制度が単なる形式的なルールやカタチだけでは意味をなさないということです。そこに心・魂を吹き込み、社員一人ひとりと会社を深くつなぐことで、初めて社員の成長や会社の発展、そして事業の継続が可能になると考えるのです。

公平で公正な人事制度を整えることは、もちろん重要です。しかし、それだけでは社員に一時的な納得感を与えるにすぎません。「ここでずっと働きたい！」「もっと成長したい！」といった深い意欲や思いを引き出すためには、単なる仕組みを超えた心の通《かよ》った仕組みが必要です。例えば、いくら正しい評価がなされていても、職場に温かさや人間関係の深まりがなければ、社員のモチベーションは長続きしないでしょう。一方で、多少システムが粗削りであっても、社員一人ひとりを真剣に見つめ、応援してくれる上司や同僚がいる環境では、自然と「ここで頑張りたい」と感じられるようになるものだと思います。

私が理想とする「人事制度」とは、社員が「ここで働いていて幸せだ」と実感でき、仕事に誇りや意義を見いだせるような仕組みを備えたものです。経営者や経営幹部が「社員の成長を支えることこそ自分たちの重要な役割だ」と自覚し、社員一人ひとりが会社の未来に希望をもてるような環境をつくり上げていけるものです。そして、会社の理念や経営者の価値観が自然に共有され、それが社員の行動に根付いていくようなものであるべきだと考えています。

社員が成長し、その成長が会社の業績向上につながり、さらに社員の人生そのものにも良い影響を与えられるような人事制度があれば、会社は単なる働く場ではなく、成長の場に進化していきます。私は、泥臭い努力と温かい心が組み合わさった、そんな人事制度こそが、中小企業にとって最も価値のあるものだと確信しています。

人事評価制度を導入している中小企業は4割

事実、中小企業における人事評価制度の導入率は、厚生労働省の調査によると、規模が小さい企業ほど低く、99人までの規模では約4割にとどまっています（図6）。

さらに、その内容を詳しく見てみると、評価制度が形骸化してしまっているケースも少なくありません。例えば、以下のような状況が挙げられます。

- 評価項目を開示せず、経営者または経営幹部だけで評価している
- 評価項目を開示しているだけで実際の運用はされていない
- 評価は行うものの、点数を付けるだけでその点数を社員にフィードバックしていない
- 評価フィードバックをしても、結果の点数だけを伝えるにとどまっている

こうした状態では、人事評価制度の本来の目的を果たしているとはいい難いでしょう。

図6　人事評価制度の導入割合(〜99人規模)

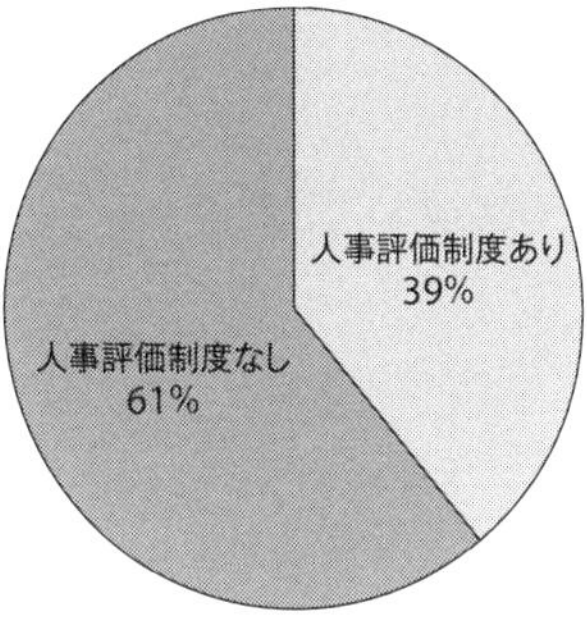

厚生労働省 雇用管理調査　採用後の諸管理・退職管理より著者加工作成

人事評価制度を導入していない理由としては、「社員が少ないため経営者が全社員の状況を把握できている」「制度をどう設計してよいか分からない」「制度を設けても運用が難しい」といった声が多く挙げられます。また、経営者として「賃金や評価の判断は自分がいちばん正確にできる」「評価制度の導入にお金と時間を割けない」といった考えもあると思います。

しかし、このような考えには、少し誤解が含まれているように思います。「人事評価制度＝公平に評価して公正な賃金を決める仕組み」という考え方が一般的ですが、現在求められている人事制度の本質はそこにはありません。

高度経済成長期やバブル期のように、経済が右肩上がりだった時代であれば、この考え方でも大きな問題はなかったかもしれません。しかし、今のように経済の先行きが不透明で、人材不足がますます深刻化していく状況では、「評価をして賃金を決める」だけではとても十分とはいえないのです。

人こそ成長の源泉──人的資本経営と人事制度

企業の経営資源といえば、一般的に「人・モノ・カネ・情報」といわれます。この中で「人」と「モノ・カネ・情報」には大きな違いがあります。それは「モノ・カネ・情報」が時間の経過とともに価値が減少する一方で、「人」は時間の経過とともに価値が増加する可能性をもつ点です（図7）。

具体的には、モノは設備や装置のように経年劣化によって品質や性能が低下します。カネは事業活動を行う中で消費され、限りある資産です。情報も、時間が経つほどに古くなり、その価値を失ってしまいます。一方で、「人」は本人の努力や周囲の支援によって成

図7　「人」は「モノ・カネ・情報」と違って成長する

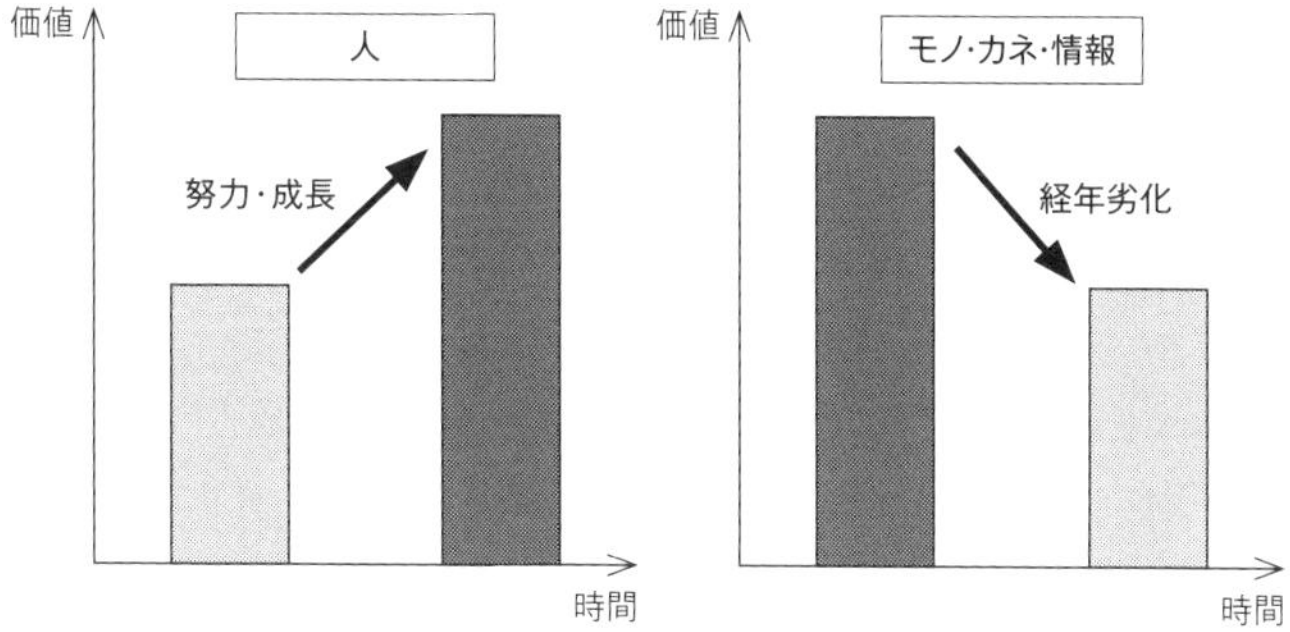

長し、新しい知識やスキルを身に付け、行動実践することで、価値が向上していくのです。

近年では、「人」を単なる資源ではなく、活かすことで価値を増す資本としてとらえる「人的資本経営」の考え方が広まりつつあります。この視点に立つと、モノ・カネ・情報は「人」の働きがなければ生み出すことも、適切に活用することもできません。どれほど優れたモノ・カネ・情報を持っていても、それを活用する「人」がいなければ宝の持ち腐れになってしまいます。

このように、企業にとって「人」は競争力を高め、業績を向上させるための最大の経営資源といえるでしょう。

ただし、「人」は時間が経てば自然に成長し、価値が高まるわけではありません。「人」の価値を高めるには、本人が仕事に対する意欲をもち、自らの能力を最大限に発揮することが必要です。同時に、企業としても「人」の成長を支援し、促進する仕組みが求められます。その仕組みこそが「人事制度」なのです。

人事制度の真の目的は、社員が定着し、成長することで企業の継続と発展を支えることにあるのです。

「人事制度の三位一体」と「パーパス」とのつながりを考える

人事制度は、「評価制度」「等級制度」「賃金制度」という3つの柱を中心に成り立っています。この3つの柱は、それぞれ独立した仕組みのように見えて、相互に密接に連携し、一体性を担保する役割を果たしています。

「評価制度」では、社員の成果とそのプロセスなどの働きぶりを測るもので、成果、成果を出すための行動、行動を支えるスキル、そしてすべてのベースとなる勤務態度、この4

つの大項目を軸に公平に評価を行います。「等級制度」では、評価制度に基づいた、社員の貢献度や能力、役割などを等級に反映し、責任や権限も明確にします。そして「賃金制度」では、評価制度と等級制度に基づいて、公正に賃金に反映します。

これら3つの柱が密接に連携しないと「人事制度」はうまく機能しません。この連携構造を自動車に例えると、「評価制度」は車の原動力となるエンジン、「等級制度」はその動力をスムーズにタイヤに伝えるギア、「賃金制度」は地面と接して動きを生み出すタイヤにあたります。たとえエンジンが高性能であっても、ギアやタイヤが適切でなければ、車はうまく前に進めません。この比喩が示すように、3つの柱が三位一体となって、初めて「人事制度」としての機能を果たすのです。

また、人事制度を設計する際には、企業の「パーパス（存在意義）」や「経営戦略（ミッション・ビジョン・バリュー）」との連動が不可欠です。パーパスとは、会社がなぜ存在しているのか、その事業が社会にどのように貢献しているのかといった根本的な問いに対する答えです。これをもとに経営戦略を策定し、その経営戦略を後押しする人事制度を構築することで、組織全体の方向性をそろえることができます。この連動がないと、評価基準や報酬体系が不明確になり、社員のモチベーション低下や、組織活動の一貫性が失われる原因となります。

企業規模によっても、人事制度の設計思想は異なります。大企業では公平性や効率性が重視されるため、賃金制度と等級制度を基盤に構築し、評価制度を補完的に整備する場合が多いです。一方、中小企業では社員個々のモチベーションに焦点を当てる必要があるため、まずは評価制度をつくり、それに応じた等級や賃金を設計することが理にかなうのです。つまり、規模による課題や目的によってアプローチが異なる点を理解することが重要です。

最終的に、人事制度を見直す際には、評価・等級・賃金の3つの柱を調和させるだけでなく、企業のパーパスや経営戦略を再確認し、社員一人ひとりが仕事の意義や貢献実感を得られるようにすることが大切です。このような一体性があることで、社員のモチベーション向上と企業全体の成長が実現するのです。

「正しい人事制度」に必要な3つの重要ポイント

私は、人事制度には、「正しいもの」と「正しくないもの」があると考えています。
「正しい人事制度」とは、評価と賃金の決定を通じて社員が定着・成長し、業績向上や事業継続につながる仕組みです。一方で「正しくない人事制度」とは、評価と賃金の決定はできるものの、社員が定着・成長せず、業績向上や事業継続につながらない仕組みをいいます。

私は、この「正しい人事制度」を実現するためには、3つのポイントがあると考えています。

ポイント1　基準や運用ルールが「見える化」されている

ポイント1は、評価や賃金決定の基準や運用ルールが見える化されているか、それとも経営者や経営幹部の頭の中だけにあるブラックボックス状態になっているか、ということです。

社員が「何をどう頑張ればどのように評価され、それが賃金にどう反映されるのか」を理解していれば、自分のやるべきことが明確になり、成長への意欲が高まります。一方で、それが見えていない場合は、目隠しをされたまま「頑張れ」と言われているような状態になり、自分の現在地や歩むべき道も分からず、不安だけが募るものです。その結果、成長意欲は低下していきます。

さらに、社員が経営者に説明を求めた際に明確な答えが得られなければ、会社への不満や不信感を大きく募らせることになります。このような状況では、経営者と社員との溝は深まる一方です。

だからこそ先出しジャンケンで、評価や賃金の基準、運用ルールを初めに見える化することが、正しい人事制度を構築するうえで欠かせないのです。

ポイント2　上司が「部下の成長は、上司次第」と心から思えている

ポイント2は、部下の成長を本気で願う上司であるかどうかということです。これが、優れたリーダーとそうでないリーダーを分ける大きなポイントになります。

上司が部下の成長を人ごととしてではなく、自分自身の喜びとして感じられるかどうかが、問われる場面は少なくありません。しかし、初めから「部下の成長は、上司次第」と言われても、「いや、それは本人の努力次第ではないのか？」と思ってしまう上司が多いかもしれません。

とはいえ、そのような姿勢では、部下が「この職場で働きたい！」「ここでもっと成長したい！」と心から思うことはありません。

これは、子どもの成長を見守る親が感じる喜びと似ています。たまたま縁があって共に働く部下の成長を見て、喜びや誇らしさを感じるのは、上司として自然な感情ではないでしょうか。さらに、部下の成長を願い、手助けし、教えるプロセス（過程）そのものが、上司自身の成長につながるのです。結局のところ、部下の成長を心から願える上司であるかどうかが、正しい成長支援を行えるリーダーと、そうでないリーダーの分岐点となります。

ポイント3 経営者自身が「率先垂範」できている

ポイント3は、人事制度を導入した経営者自身が率先垂範できているかどうかということです。人が定着・成長する制度や仕組みを導入したものの、経営者が腹落ちしておらず、心の底では、「そんなに面倒なことは、私の仕事じゃない」と思い、部課長に対して「人を育てるのは君たちの仕事だからよろしく頼むよ」と丸投げするようでは、その人事制度は絶対に成功しません。

ある企業の例です。私は部課長層に対して「部下に『ここで成長したい』と思ってもらうためには、上司自身が部下の成長を心から願い、共に働く仲間として誠実に向き合うことが重要です」と伝えたことがありました。すると、彼らはその考えに賛同し、初めのうちは一生懸命取り組んだのですが、しばらく経つとその熱意は失速してしまったのです。

理由を尋ねたところ、彼らの答えはこうでした。「私たちがどれだけ努力しても、経営者自身が私たちにそう接してくれないんです」。この言葉にドキッとされた経営者の方もいらっしゃると思いますが、そういった経営者の丸投げ姿勢が、せっかく熱意をもち始めた部課長のやる気をそいでしまい、制度を形だけのものにしてしまうのです。

中小企業では、経営者と管理職層との距離が近いため、経営者の本音や姿勢がダイレクトに伝わります。だからこそ、まず経営者自身が本気になり、率先垂範することが求められるのです。経営トップが人を育てる姿勢を身をもって示さなければ、部課長も本気で部下の成長を支援することはしません。とにかく経営者自身の「率先垂範」が大前提なのです。

私が中小企業で社員の成長を支援する人事制度（以下「成長支援型人事制度」といいます）を導入する際は、必ず経営者に覚悟を求めます。その覚悟こそが、人事制度成功の第一歩だからです。

第4章

「ここで働きたい！
ここでもっと成長したい！」と思える

「成長支援型人事制度」のポイント

「成長支援型人事制度」におけるエンジン＝「評価制度」の考え方

私が実践している「成長支援型人事制度」は、一般的な「公平に評価をして、公正に賃金を決める」だけの人事制度とは違います。「そもそも評価は何のために行うのか」について、人事制度の教科書類には、

- 社員の能力や企業への貢献度を評価することで、昇進や昇給などの処遇を公平・公正に行うため
- 社員に対してなんらかの処遇で差をつけることができるようにし、公平感のある処遇の分配を行うため
- 賃金の配分やコントロールをするため

などと記載されています。それ以外にも、

- 社員のモチベーションを向上させ、組織活性化や人材育成を促進するため
- 社員一人ひとりの現状を把握し、育成に活かすとともに評価結果をもとに組織にお

けるマネジメントに活用するため
●会社の価値観を共有、浸透させ企業文化、会社のカラーを醸成していくため
といった意味も記載されています。

しかし実態を見ていると、主に給与や賞与を決めるために評価が行われているのが現実です。これは、あくまでも、評価は会社が社員の給与や賞与を決めるために行われていて、本人の成長や意欲向上のために行われているのではないことを物語っています。


そもそも人は他人から評価されるということが好きではありません。評価されるということは、どこか自分に〝値段〟を付けられているような気がしてしまい、あまり気持ちの良いものではないからです。特に会社の上司から〝上から目線〟で評価されると、どこか値踏みをされているような嫌な気分になることもあるのではないかと思います。

それに、点数を付け、その結果を本人にフィードバックしたからといって、それが必ずしも本人のやる気や成長意欲の向上につながるわけではありません。「今期は5点満点の3点だった」と結果を言われたとしても、それだけでは「はい、分かりました」で終わっ

てしまい、成長意欲が高まることなどないのです。

これは、学校のテストと同じで、80点や90点という高い点数を取った生徒であれば「もう少しで100点だったのに！　もっと頑張ろう！」とやる気がみなぎるかもしれませんが、いつも30点や40点という低い点数を取り続けている生徒は「まあ、こんなもんだ」「授業聞いていても、よく分からないし」と、やる気も起きないまま低空飛行で、卒業していくということになると思います。学校のテストは、同じ授業を受け、同じ問題を解くわけですから、公平・公正なものですが、全員の成長意欲の向上にはつながらないのです。成長意欲の向上につながるのは、せいぜい上位2割の生徒だけで、それより下位の生徒はあまり変わらないのです。

これは、会社の評価制度でもまったく同じことがいえます。

単に公平・公正な評価で点数を付けて、それを本人にフィードバックするだけでは、上位2割より下位の社員は「もっと成長したい！」などとは思わないものです。学校と同じように、正しい評価をするだけでは、多くの社員にとって、定着・成長を促すことにはならないのです。

社員本人に「ここで働きたい！　ここでもっと成長したい！」と思ってもらえる会社になるためには、単に公平・公正な評価だけでなく、「成長意欲が向上するフィードバック」が絶対的に必要になります。

重要なことは、部下を評価して終わりではなく、評価のフィードバックを通して、部下の成長を支援することなのです。正しい評価制度とは、単に社員を評価するための制度ではなく、会社が社員の成長を支援するための制度であるべきなのです。

そのため、私が行う「成長支援型人事制度」では、「評価制度」ではなく「成長支援評価制度」と名付けています。

「成長支援評価制度」で重要となる6つの考え方

「成長支援評価制度」には主に6つのポイントがあります。

ポイント1　「評価シート」ではなく「成長支援シート」

私が構築支援する「成長支援評価制度」では、一般的な「評価シート」などの名称は使わず、「成長支援シート」と名付けて活用しています。評価の目的は、上司が部下を単に評価することではなく、上司が部下の成長を支援することにあるからです。

ポイント2　成長要素は「結果=プロセス」の方程式

「成長支援シート」は、次の図8のように、成長要素の4大項目「期待成果」「重要業務」「知識技術」「勤務態度」のフレームで構成されています。

「期待成果」は、会社が経営目標を達成するために、各部門や社員がどれだけの成果（業績）を上げなければいけないのかを具体的な数字で示したものです。例えば、売上高や利益率、人時《にんじ》生産性（個人の時間あたりの粗利額）などがそれにあたります。

次に「重要業務」は、「期待成果」を上げるために、社員一人ひとりがどのような業務

図8　成長支援シートのイメージ

成長要素			ウェイト	成長基準				
				1	2	3	4	5
結果	期待成果							
プロセス	重要業務							
	知識技術							
	勤務態度							

新・人事制度研究会　人事制度構築テキストより（著者一部加筆）

を遂行する必要があるのかを行動レベルで示したものです。例えば、顧客への課題解決提案、部門間連携、積極的な改善活動推進などです。

そして「知識技術」は、その「重要業務」を遂行するうえで習得すべき知識やノウハウ、スキルなどです。例えば、業界他社動向・顧客知識、自社他社商品知識、コミュニケーションスキルなどです。

さらに「勤務態度」は、「重要業務」と「知識技術」を下支えするために必要となる仕事に対する姿勢、意識などです。例えば、積極性、協調性、規律性、責任感、リーダーシップなどです。

「期待成果」が〝望む結果〟であり、「重要業務」「知識技術」「勤務態度」が〝望む結果〟を出すためのプロセスになります。

重要なポイントは、「期待成果」⬇【「重要業務」⇩「知識技術」⇩「勤務態度」】のように、それぞれの成長要素の因果関係が綿密に紐づけされていることです。そして、3つのプロセス（＝「重要業務」「知識技術」「勤務態度」）にしっかり取り組めば、結果（＝「期待成果」）に到達することができるよう設計することです。

これは、次の方程式で表すことができます。

「期待成果」（結果）＝**「重要業務×知識技術×勤務態度」**（プロセス）

なお、この「成長支援シート」は、何種類作成すればよいのか、ということですが、「職種の数」×「3階層（スタッフ職層・中堅職層・管理職層）」の数だけ作成する必要があります。3階層というのは、同じ職種であっても評価すべき成長要素や難易度が違うためシートを分けるのです。例えば、製造職、営業職、購買職、総務職の4つの職種がある場合、4職種×3階層で、12種類の「成長支援シート」を作成することになります。

ポイント3 「評価点数」ではなく「成長点数」を付ける

一般的な評価制度でも評価基準は「5・4・3・2・1」のように5点満点の数字で表す場合が多いと思います。私が構築支援する成長支援評価制度でも、部下がどれだけ成長できたかを「5・4・3・2・1」という数字で表現します。ただし、これは評価基準・評価点数とはいわずに、成長基準・成長点数というい方をします。

同じ数字でも学校の通知表や一般的な評価制度とは意味合いが違います。点数を付けること自体は同じでも付ける点数の意味が違うのです。成長支援評価制度で付ける点数は、現時点で自分がどれだけ成長できているかを示す成長点数です。

例えば、成長支援評価制度の場合、新入社員が会社に入ってきたときは、「勤務態度」を除いて、「期待成果」「重要業務」「知識技術」の成長点数は、全員「1」か「2」が当たり前なのです。各自が成長するのは、入社後からなので、100m走と同じように全員、同じスタートライン「1」か「2」からスタートすることになります。「3」や「4」からスタートできる社員は、即戦力で中途入社した社員なのです。

私が新入社員にこの制度を説明するとき、

「今、偉そうにしている部長や課長たちも、最初はみんな右も左も分からなくて『1』からスタートしたのです」

と伝えています。そして、

「今、あなたが、最初『1』や『2』であるからといってがっかりする必要はありません。新人は、皆同じスタートラインにいます。そこから一つずつ上に成長していくためには何をしたらよいか、『3』にするためには自分はさらに何を努力すればよいのか、それを上司と一緒に考えて、成長していく仕組みが、成長支援評価制度なのです」

と説明し、新入社員の成長意欲を高めるようにしています。

成長支援評価制度における成長点数というのは、部下自身がどれだけ成長できたかの度合いを示すものなのですが、同時に、上司が部下の成長をどれだけ支援することができたかの支援点数でもあります。会社が、そして上司が部下を支援して、成長を応援する成長支援評価制度という仕組みがあることを採用面接のときに応募者に伝えると、例外なく、目を輝かせてくれるのです。

ポイント4　教えることが最高の評価につながる

この成長点数を付ける際に、もう一つ重要なポイントがあります。それは、自分だけいくら頑張っても「5」にはならない、ということです。

例えば、学校のテストで一人だけ100点を取ったら、成績は「5」になるように個人の成果や努力の結果が直接、自分の成績評価につながります。しかし、成長支援評価制度では、個人でどれだけ自分のために頑張っても「4」止まりで、「5」は付きません（「期待成果」を除く）。それを「5」にするためには、その社員が「4」の実力をもったうえで、その優れたやり方を他の社員に教え、共有することで初めて「5」が付く、という仕組みにしています。

例えば、知識技術やノウハウという項目で、最良の○○ノウハウを習得したというだけは「4」止まりなのです。「5」を獲得するためには、その最良のノウハウを、自分の周りのメンバーに教え、共有することが必要であるということです。

中小企業の場合、ある一人の能力だけが高く、優れたノウハウをもつことができたとしても、その社員が会社を辞めてしまったら、そのノウハウは会社に残らないのです。

中小企業では、人材に余裕がないため、特定の一人に仕事が張り付きがちで、優秀なスキルが属人化し、個人商店化してしまうことが多々あるわけです。そして、優秀な社員から辞めていくという傾向もあります。

したがって、学校の通知表と同じ付け方ではダメで、中小企業で「5」を獲得するためには、自分がもっている優秀なやり方や優秀なスキルを他の社員に教え、いかに共有するのか、という考え方が必要になるのです。そうすることで、他の社員、同僚も優秀になり、会社にも優秀なノウハウが蓄積されていきます。そして、互いに教え合い、「ありがとう」が飛び交う、互いに感謝し合える組織風土が醸成され、事業の継続性が向上していくのです。

教えることが、最高の評価になるという意味がお分かりいただけましたでしょうか。

ポイント5 評価の中に教育を組み込む

これは、評価の中に教育を組み込み、評価制度と教育制度を一体化させるということです。企業において、社員が新しい仕事を覚えたり、仕事の知識を新たにインプットして自身のスキルを向上させたり、また、仕事に対するモチベーションを高めたりするうえで教育はとても大切になります。

しかし、中小企業の場合、大企業のような立派な教育体系や手厚い教育制度をつくる時間も資金もないのが現実です。また、目の前の仕事を優先してしまうため、社員教育はどんどん先送りされてしまいます。本来は教育をしなければいけないのだけれど、気づけば何年も社員教育していないという中小企業も多いと思います。

そこで、成長支援評価制度においては、評価の中に教育を組み込んで行います。どういうことか説明すると、評価の場を、単なる仕事の成果を評価して給与や賞与を決めるだけの機会とするのではなく、上司から部下へのフィードバックを通して、部下のやる気を引き出し、成長を促す機会とするのです。上司と部下はじっくり話し合って

- 何ができて、何が素晴らしかったのか
- 何ができなくて、その要因は何だったのか
- 次にできるようになるには、何が必要で、次はどう行動していくのか
- 上司は、部下が今より成長するためにどういう支援ができるか

ということを一緒に考えます。例えば、

「あの仕事ができるようになったのは、あなたがあの場面でこのような努力をしたからだね。私は素晴らしいと思うよ」

「じゃあ、その一段上のレベルの仕事ができるようになるには、何をどのように頑張ったらいいと思う？」

「そうか、じゃあ私は、こういう支援をするから一緒に頑張っていこう！」

というように、本人の成長実感を確認しながら、次のステップへの成長意欲を高めるように促すのです。そして、次の機会に向けて、自分自身で具体的な行動計画を立て、ＰＤＣＡ

（Plan-Do-Check-Action）を回していきます。

そうすることで、教育を日々の現場の中で習慣化していくことができるのです。

ポイント6 評価フィードバックは3カ月に1回行う

行動を習慣化するためには、できるだけフィードバックのサイクルを短くする必要があります。一般的な人事評価というのは、半年に1回、1年に1回というサイクルで行うことが多いですが、それは昇給や賞与を決めることを主目的に行っているからです。

しかし、評価と教育を一体化させ、それを日常の現場の中で習慣化していくためには、半年や1年ごとに1回のフィードバックでは期間が空き過ぎるのです。そこで成長支援評価制度では、3カ月に1回、つまり年4回、上司から部下へのフィードバックを行うのです。評価と教育を一体化させることによって、上司は部下の成長を心から願い、部下は定期的に自分の成長を実感し、次の成長へと意欲を高めます。

●どんな成長があったのか

上司と部下は「成長支援シート」と「成長評価フィードバックシート」（後述）をもとに、

●その結果、どんな成果につながったのか
●さらに高い成果を上げるためには、次の3カ月でどのような成長をしたいと思っているのか
●そのためには、具体的に何を、いつまでに、どのレベルでやるのか

などについて、じっくりと話し合います。そして「成長支援シート」の存在は、いわば、上司と部下の共有スケジュールになっていくのです。

上司からのフィードバックが教育の最大のインプットになるわけで、まさしく、部下の成長は上司次第といえるわけです。

「成長支援型人事制度」におけるギア＝「等級制度」の考え方

次に、「成長支援型人事制度」におけるギア＝トランスミッション（変速機）である等級制度についてです。「成長支援型人事制度」における等級制度の目的は、等級が上がることで自分の成長段階を確認・実感するということです。

例えば山登りをしているときに、今、自分が何合目にいるのかを確認し、これまでどれくらい登ってきたか、そして、これからどれくらい登ることができるのかを確かめます。いわば、等級制度は成長の道標といえるのです。

3カ月に1回行う成長支援のフィードバックでの成長点数は、短期間での成長実感であり、山登りでいうと一歩一歩のステップによる成長です。それに比べ、等級制度は3年から5年、長い場合は30年から40年という期間で成長を俯瞰《ふかん》して実感できるものです。成長実感を長期的に持続してもらう意味合いもあるため、等級制度を「等級ステップアップ制度」と名付けています。

「成長支援型人事制度」における等級ステップアップ制度は81ページの図9のように、「3階層9等級」でつくっていきます。

3階層9等級は、次のように分けられます。

- スタッフ職層（プレイヤー層・1～3等級）
- 中堅職層（プレイングマネージャー層・4～6等級）

●管理職層（マネージャー層・7～9等級）

これによって、自分は今、山の何合目あたりにいるのかが分かるのです。

スタッフ職層・中堅職層・管理職層と大きく3つの階層に分ける理由は、階層により役割や使命が大きく変わるからです。例えば、スタッフ職層は職場に慣れながら、自分自身をもっと成長させる階層です。この階層に対する研修としては、主にスキルアップ研修やマインド研修などが行われます。

中堅職層になると、自分自身の次なる成長を目指しつつも、初めて部下をもち、自分の経験やスキルを部下に伝えたり教えたりする立場になる階層です。この階層に対する研修としては、主に初級リーダーシップ研修やイノベーション研修などが行われます。

管理職層になると、それまでの立場や役割が大きく変わり、企業経営に関与する立場になります。経営に一定の責任をもち、業績向上のための部下の定着や成長支援が自分の重要な仕事になる階層であるため、研修としては、リーダーシップ研修やマネジメント研修が主体になります。中小企業にとって、優秀な人材の定着・成長を実現させることは、企

図9　等級ステップアップ制度のイメージ

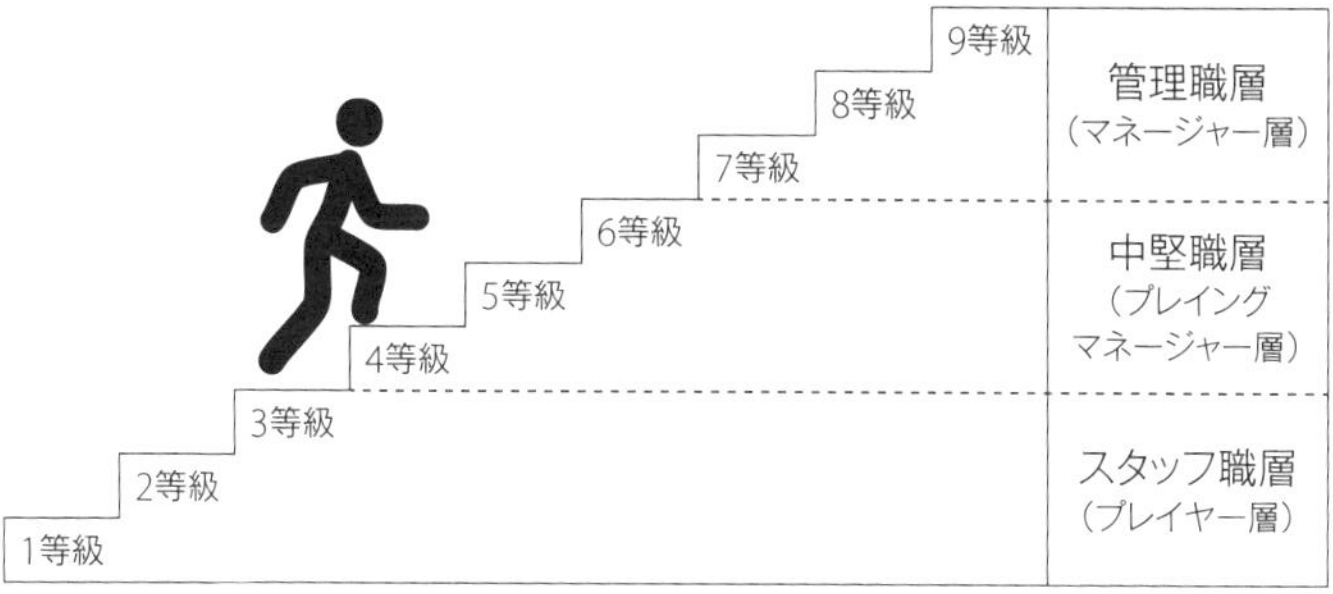

業の発展・衰退を左右するので、その意味で、部下の成長が自分自身の成長につながるという立場になるわけです。

このように、3つの階層それぞれで成長の意味合いも大きく変わってきます。等級ステップアップ制度で3つの階層を設定することは、「成長支援型人事制度」を進めるうえで重要なポイントになります。

また、等級ステップアップ制度では、飛び抜けて優秀な社員を、通常より早期に昇級・昇格させる仕組みや、逆に等級を下げる降級・降格の仕組みを設けています。ただし、これらは単に優秀な個人を早期に選抜するとか、成績が悪かった個人に対してペナルティを与えるというものではありません。こうしたイレギュラーな人事を行う場合には、なぜ上げるのか、なぜ下げるのかについて、しっかりとした会社の価値観や人材観に基づく説明が必要になります。会社の価値観や考え方を明確にできなければ、早期昇級・昇格や降級・降格の仕組みはうまく機能しません。

特に降級・降格に関していえば、公平・公正な処遇はもちろんですが、その真の目的は、部下の等級を下げることではなく、上司に「等級を下げないためには、自分は彼・彼女に対してどのような支援・指導ができるだろうか」を考えてもらうことにあるのです。

単に、

「○○さんは、これとこれができなかったら、そのペナルティとして5等級から4等級に下がることになります」

と伝えるのではなく

「○○さんは、このままでは5等級から4等級に下げざるを得ません。でも、私は下がってほしくはないのです。何ができるようになればいいか、どう成長すれば下がらなくて済むかを、一緒に考えましょう」

と、むしろ成長支援の機会としてとらえるようにするのです。

また、もう一つ重要なことは、制度の内容やルール、仕組みをブラックボックス化しておくのではなく、見える化しておくことです。

- **こういうステップで上がっていく**
- **これができると早く上がることもできる**
- **こういう場合は下がることもある**

というステップアップ（あるいはステップバック）のルールを先出しジャンケンで明示します。そうすることによって、社員は自分が何をどう頑張ったら、○年後には○等級になれて給与もだいたいこのくらいになるということが分かるようになります。自分のステップアップのスピードを、ある程度自分でコントロールできるようになり、社員の定着へのモチベーションを高める要素になり得るのです。

「成長支援型人事制度」におけるタイヤ＝「賃金制度」の考え方

賃金制度の目的は、社員一人ひとりの給与や賞与、各種手当などを公平・公正に決定することです。しかし「成長支援型人事制度」で大切なのは「この先、自分がどのように頑張ったら、どのように賃金が上がっていくのか」が自分で分かることです。そのことによって社員自身で人生設計や生活設計ができるようになるからです。

そういった意味でも賃金制度というものは、自分の人生設計や生活設計の指針になるので、賃金制度もブラックボックス化せずに、見える化しないといけません。

特に最近では、高校や大学でキャリア教育が広く行われており、多くの若者が自分のキャリアプランというものを意識しています。そのため「自分は何歳ぐらいになったら、こういうポジションに就いて、世の中に役立つようなこういう仕事がしたい。そして、このくらい給与をもらいたい」というような、大まかな人生設計を描いているものです。

もちろん、人生は筏下《いかだくだ》りのようなものですから、何が起きるか分からず、自分が思い描いたキャリアプランどおりにいかないことも多いです。ただ、それが分かっていたとしても、誰もが自分はこういう人生を目指したいという思いをもっているので、企業は「何をどう頑張ったらどのように評価されて、それがどのように賃金に反映されていくのか」を明確にする必要があるのです。それにより社員が安心でき、定着促進にもつながるのです。

また、給与や賞与、各種手当といった賃金制度は、ハーズバーグの二要因理論（動機づけ要因・衛生要因）でいえば衛生要因にあたります。つまり、それが満たされても意欲やモチベーションが高まるわけではないけれど、それが満たされないと一気に意欲やモチベーションが下がってしまうというものです。

そういった意味では「成長支援評価制度」と「等級ステップアップ制度」は、それが満たされると意欲やモチベーションが高まる動機づけ要因であり、「賃金制度」は、モチベーションをいかに下げないようにするのかという衛生要因として考えるべきなのです。

ただ、実際には、中小企業で、いわゆる「モデル賃金」（企業に新規学卒で入社した人が標準的に昇進・昇格した場合の賃金の推移を算出したもの）を持っている企業は1割くらいだといわれます。そもそも人事制度がなければモデル賃金はつくれませんし、人事制度があっても、毎年のように引き上げられる最低賃金に翻弄されて、まともなモデル賃金を示すことが困難になっていることもあります。しかし、不透明で不確実な世の中だからこそ「このように頑張って、こういった貢献をしてくれたら、会社はこのような道を用意しています」と示すことは、単なる賃金の問題ではなく、自分の人生設計や生活設計の羅針盤になることから、「モデル賃金」は、社員の定着・成長にとって、今後ますます重要になってくるのです（127ページ図21参照）。

「成長支援型人事制度」の「成長支援シート」は、中途採用者の初任給を決める際にも活用することができます。中小企業における中途採用者の賃金の決め方というのは、通常、前職での賃金額を聞いたうえで、できるだけその金額に近い賃金を提示することが多いです。しかし、面接時点で本当にその人がその額の賃金をもらっていたのかどうかは分からず、実際以上に高く言われてしまうこともなくはないのです。その結果、経営者として「こんなはずじゃなかった。これだけの給与を出しておいて、これだけの働きしかできないのか……」と恨み節になってしまうケースはよくあるものです。

また、個別の事情で賃金を決めてしまうと、全体の賃金体系がバラバラになってしまい、その後「なぜ、この社員はこの賃金なのか」という説明ができなくなってしまうケースもよくあるものです。

このような問題を解決するために、「成長支援シート」を活用することができるのです。具体的には、最終面接まで残った人に、実際に使っている「成長支援シート」を渡して、自己採点してもらいます。入社前で正確には付けることはできませんが、それをもとに等級の仮格付けと最初の賃金（初任給）を提示したあと、次のようなことを伝えます。

「入社してから半年後に、もう一度、その間の仕事ぶりやスキルなどを見させていただきます。そのうえで、改めて会社として正式な等級の格付けをさせてもらいます」

「そのときに、今よりも等級が上がる場合もありますし、下がる場合もあるかもしれません。でも、もし下がってしまう場合でも、当社には一人ひとりの社員の成長を支援する人事制度がありますから、いつでもチャレンジして等級を上げることができます」

そう伝えると、優秀で有能な人や自分に自信がある人たちは、たとえ最初の賃金額に納得がいかなくても、

「ここは、半年後にまた等級の見直しをして、自分のチャレンジを成長につなげてくれる

仕組みがある会社なんだ」
と理解してもらうことができ、実際に、ある顧問先企業では、制度導入前に比べて意欲のある人が、明らかに多く入社するようになりました。

ところで「成長支援型人事制度」において、社員の定着・成長意欲を高めるうえで、賃金制度には、社員の属性に応じて、年功的賃金の要素も必要であると考えています。近年、実力主義や成果主義に基づく賃金制度を取り入れる中小企業が増えています。企業は、事業継続のために適正な利益を確保していく必要があるわけですから、社員の実力や成果（パフォーマンス）に応じて賃金を決めることは至極当然で、正しい考え方といえます。しかし、実力や成果だけで賃金制度を設計してしまうと、社員の定着・成長につながらないことも多く発生するのです。

例えば、入社して10年くらいの間は、すぐに実力がつくわけではないため、目立った成果を出すことが難しいはずです。この時期は年功的賃金の要素がブレンドされていないと、賃金が低いままでなかなか昇給していかないことが多いものです。そのため、30歳ぐらいまでは、年功的賃金で一定程度上げていき、実力がついて成果を出せるようになったら、それ以降は自分の力で給与を勝ち取っていくようにシフトさせていく仕組みが必要になると考えます。

また、実力主義や成果主義は、マネジメントを間違えると、職場での情報共有や協力関係が弱まり、人間関係が悪くなってしまうことが起きるうえに、年功的な要素がなくなると、良い意味での先輩・後輩関係も崩れてしまいます。気づいたときには、成長意欲が落ち、社員の離職が一気に増えてしまう現象が、私がお手伝いした中小企業でも起きていきます。

「成長支援型人事制度」では、年功的な部分と実力・成果主義的部分をうまくブレンドし、どちらか一方に偏るのではなく両方の良いところをバランス良く組み合わせながら、社員の定着・成長につなげていくように設計していきます。

実際、近頃では年功的賃金の魅力が高まっているとききます。産業能率大学総合研究所が行った「2024年度新入社員の会社生活調査」によると、年功序列を望む新入社員が、

２００６年以降過去最高の48・５％に達したそうです。一方、成果主義を望む割合は51・５％と過去最低だったそうです。おそらく、先行きの見えなさからくる若者の不安感や、あるいは、自分が成長していく自信がないなかで、安心感を求めるものとして、年功的賃金が見直されているのではないかと思います。

いずれにせよ、低成長の時代にもかかわらず、毎年、最低賃金が大幅に引き上げられていくなかで、昇給原資を確保するためには、社員の定着と成長にかかっているわけです。その成長の道筋を見える化し、社員自身が、何をどう頑張って成長したら自分の賃金がどう上がっていくのかを見える化できる賃金制度をつくっていく必要があるのです。

第5章

「成長支援型人事制度」をつくるための10のステップ

“人が辞めずに育つ人事制度”のつくり方

「成長支援型人事制度」の構築ステップ

「成長支援型人事制度」を構築するためには、左の図10のように4つのフェーズ、全10ステップで進めていきます。

最初の成長支援評価制度構築フェーズでは、成長要素の設計を行い、「成長支援シート」（69ページ図8・103ページ図13参照）を作成します。このフェーズでは、単にシートを作成するだけでなく、実際に部下に対する仮評価、仮フィードバックを繰り返し行うことで、より現場の実態に合い、部下の成長支援に役立つものへと変更・修正をしていきます。

次の等級ステップアップ制度構築フェーズでは成長の道標としての9等級の昇級基準を作成し、標準コースを設定するとともに、最短コース・降級基準などの特例基準も設定します。

図10　成長支援型人事制度構築の10ステップ

❶	成長支援評価制度 構築フェーズ	①「成長要素設計表」の作成 ②「成長支援シート（試作版）」の作成 ③「仮評価」による「成長支援シート（試作版）」の修正 ④「仮フィードバック」による上司と部下の関係確認と「成長支援シート」の再修正
❷	等級ステップアップ制度 構築フェーズ	⑤等級ステップアップ基準の作成
❸	賃金制度 構築フェーズ	⑥新賃金体系と賃金テーブルの作成 ⑦新賃金への移行シミュレーション
❹	制度導入 準備フェーズ	⑧社員説明会の開催 ⑨評価とフィードバックの練習 ⑩制度導入の本番スタート

続いて賃金制度構築フェーズでは、賃金体系と賃金テーブルを作成して、新賃金への移行シミュレーションを行います。具体的には、現行賃金制度の課題を抽出し、新賃金体系の設計、基本給の各テーブルの設計、モデル賃金の作成などを行います。そして、現行賃金から新賃金への移行シミュレーションを繰り返し、基本給の各テーブルの修正、格付け等級・賃金カーブの見直しを実施、新賃金制度を完成させます。

最後の制度導入準備フェーズでは、新しく作成した「成長支援型人事制度」導入についての社員説明会を開催し、評価とフィードバックの練習を経て、実際の導入本番への準備を進めます。

❶成長支援評価制度構築フェーズ

ステップ1　「成長要素設計表」の作成
――「結果」と「プロセス」の紐づけを行う

ステップ1では、「成長支援シート」を作成する前段階として「成長要素設計表」を作成します。一般的な評価制度でいうところの評価項目（要素）です。「成長支援型人事制度」では、上司が部下を評価するだけではなく、部下の成長を支援することが重要であるため、「評価項目」ではなく、「成長要素」と名付けています。

第4章の中の「『成長支援評価制度』で重要となる6つの考え方」で述べたように、成長要素の大項目は「期待成果」「重要業務」「知識技術」「勤務態度」であり、繰り返しになりますが、この4つの関係は、次の方程式で表すことができます。

「期待成果」（結果）＝「重要業務×知識技術×勤務態度」（プロセス）

そして、これらの成長要素を抽出し、各成長要素間の相関・因果関係を整理したうえで成長要素設計表を作成します。その書式が次ページの図11です。

それでは、これを参照していただき、実際の「成長要素設計表」の具体的な作成手順を見ていきましょう。「成長要素設計表」を作成する場合、最初にいちばん左側にある「期待成果」の成長要素を作成します。

「期待成果」は、会社・部門などで目標とすべき売上高や利益率などが代表的な成長要素ですが、すべて定量把握できる数字で表せるものにします。より明確に、人時《にんじ》生産性、新規客数、客単価、製品回転率、納期遵守率などを設定する場合もあります。基本的には「期待成果」の成長要素は5項目で設定します。

図11　成長要素設計表

期待成果	重要業務	知識技術

勤務態度

期待成果	重要業務	知識技術

期待成果	重要業務	知識技術

期待成果	重要業務	知識技術

期待成果	重要業務	知識技術

新・人事制度研究会　人事制度構築テキストより（著者一部加筆）

次に、おのおの「期待成果」に直結する「重要業務」を「期待成果」との相関・因果関係を考慮しながら抽出します。売上高や利益率などの「期待成果」を生み出すためには、どのような「重要業務」を行う必要があるのか、がポイントです。

基本的には、おのおの「期待成果」に対して3項目までの「重要業務」の成長要素を設定します。5つの「期待成果」に対して、それぞれ3つの「重要業務」を紐づけするわけですから、最多で15項目の「重要業務」の成長要素が抽出されることになります。

続いて、おのおのの「重要業務」を遂行するうえで必要となる「知識技術」を、「重要業務」との相関・因果関係を考慮しながら特定していきます。その「重要業務」を行うために必要な、特定の商品知識や、法律知識、あるいは接客トークのスキルなどといった「知識技術」の成長要素を抽出します。その際、おのおのの「重要業務」に対して2項目までの「知識技術」を設定します。15項目の「重要業務」に対して2つの「知識技術」を紐づけるので、最多で30項目の「知識技術」が抽出されます。

最後の「勤務態度」については、このプロセス全体を的確に回すための仕事に対する姿勢・意識を抽出します。例としては、積極性、協調性、規律性、責任感、リーダーシップなどがあります。

なお「勤務態度」は、全体のプロセスを下支えするものであるため、個々の成長要素との相関・因果関係を考慮するのではなく、他の要素とは別枠に位置づけています。
これも基本的には5項目を抽出します。

これにより、最多で55項目の成長要素が抽出されました。

●「期待成果」：5項目
●「重要業務」：最多で15項目
●「知識技術」：最多で30項目
●「勤務態度」：5項目

こうして、「期待成果」と、それを実現する「重要業務」「知識技術」「勤務態度」との相関・因果関係＝紐づけが明確になった「成長要素設計表」が完成します。なお、この「成長要素設計表」は、部門・職種ごとに作成します。

留意ポイント1　「期待成果」は、具体的に数字で示す

成長要素設計表を作成するうえで「期待成果」については求める結果をより具体的に示すということが重要です。「期待成果」はすべて数字で表すものなので、具体的で意識しやすい要素を抽出する必要があります。

例えば、単に「売上高・前年比率○○％」「粗利率・前年比率○○％」とするより、具体的に「売上高○○円」「粗利率○○％」とするほうが、社員にとっては、成果目標をよりシビアに意識できます。

留意ポイント2　成長要素の紐づけは、リアルな現場の実情や感覚に近づける

プロセス要素に関しては、できる限り紐づけをリアルに行うことが肝心です。リアルとは、現場の実情や感覚に近づけるという意味です。

例えば、営業が実際に成果に結びつけるために、

- 何を準備し、どのような行動で

●どういうタイミングでアプローチしているのか
●また、それはどの知識やスキルを用いているのか

といったプロセスは、現場の社員に確認しないと分かりません。実際に現場へ行ったり、高い成果を上げている優秀な社員に「いったい、何をやっているのか」をヒアリングしたりしながらつくっていくことになります。

なぜ、優秀な社員の営業プロセスをモデルにするのかというと、その社員の行動や知識、態度を横展開し、他の社員がまねするようになれば、会社全体の底上げにつながると考えるからです。ただし、注意しなければいけないこととして、その中には優秀な社員にしかできないやり方もあることです。それは、他の社員にはまねのできない要素なので見極めなければなりません。成長要素設計表を作成するにあたっては、机上でつくるのではなく、現場の実情や感覚に基づいてつくることがとても重要です。

ステップ2 「成長支援シート（試作版）」の作成
――成長要素の項目を絞り込み、定義や成長基準をつくる

ステップ2では、ステップ1で作成した「成長要素設計表」の各成長要素を「成長支援シート」へ移行し、その後に各成長要素の定義・着眼点、ウェイトづけ、成長基準を試作版として作成します。「成長要素設計表」から「成長支援シート」へ移行するイメージは、次ページの図12のとおりです。

「成長支援シート」は、「期待成果」「重要業務」「知識技術」「勤務態度」が、おのおの5項目の成長要素枠で構成されています。

まず、成長要素設計表の「期待成果」は5項目ですから、そのまま「成長支援シート」に移行することができます。次に「重要業務」は設計表では最多で15項目あるため、相関関係の強いものから5項目に絞り込みます。同じように「知識技術」の最多30項目も相関関係の強いものから5項目に絞り込みます。

図12　成長要素設計表から成長支援シートへの移行

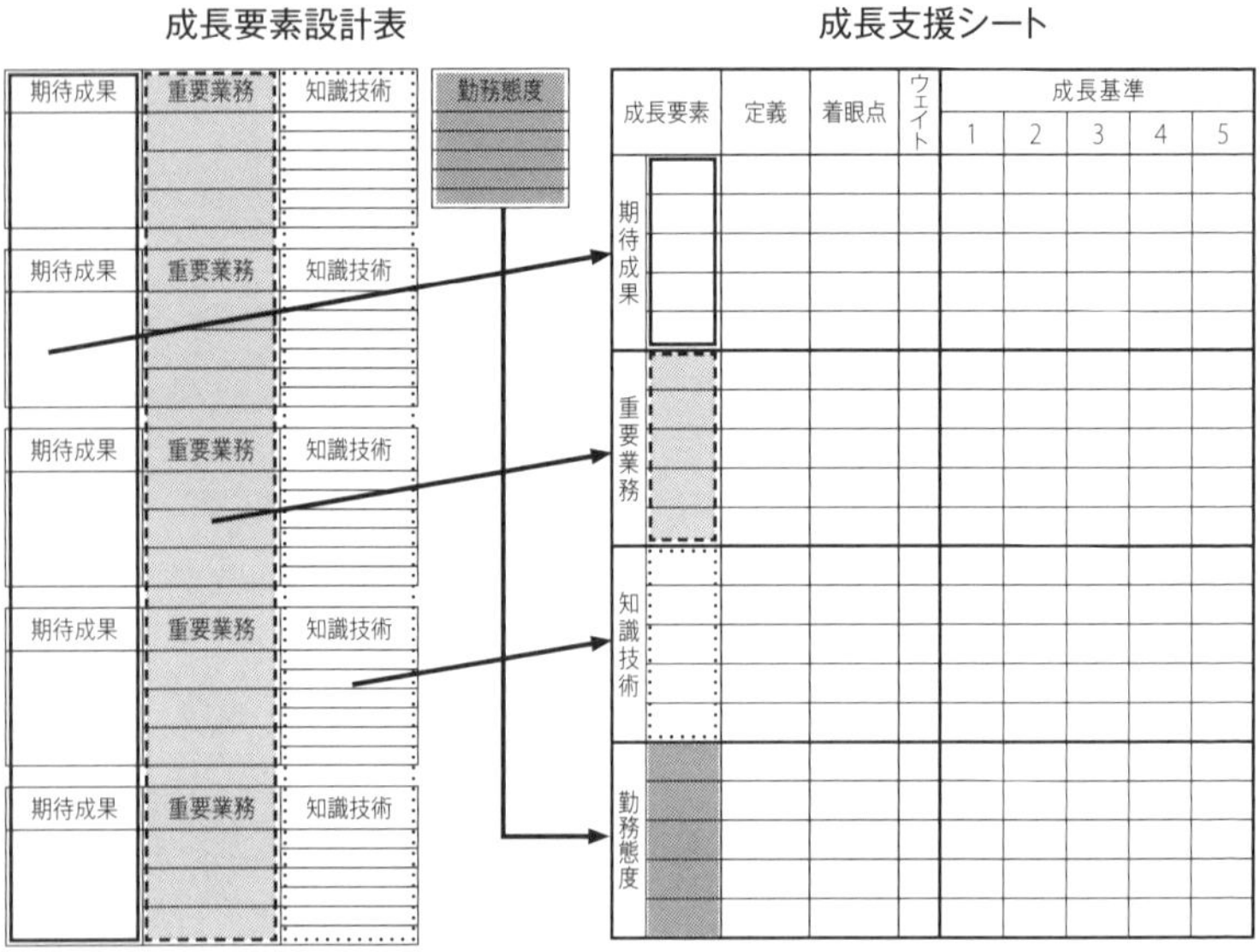

最後の「勤務態度」については、そのまま5項目を移行してください。

この移行作業の結果、「期待成果5項目」「重要業務5項目」「知識技術5項目」「勤務態度5項目」で、合計20項目の成長要素が設定されます。

その後、各成長要素の定義と着眼点を記載し、さらに、各成長要素のウェイト合計が20点になるように、各成長要素のウェイトづけを行います。

ウェイトづけについては、スタッフ職層から管理職層に成長するにしたがって、結果とプロセスの評価ウェイトが変わっていきます。若手が多いス

図13　成長支援シート（営業職の例）

成長要素			定義	着眼点	ウェイト	成長基準				
						1	2	3	4	5
結果	期待成果	売上高	商品売上高3カ月実績	売上月報	1.5	3,000万円未満	3,000万円以上	5,000万円以上	7,000万円以上	9,000万円以上
		……	……	……	…	……	……	……	……	……
		……	……	……	…	……	……	……	……	……
		……	……	……	…	……	……	……	……	……
		……	……	……	…	……	……	……	……	……
プロセス	重要業務	顧客の課題解決提案	顧客の課題抽出とコスト削減提案	・関係構築 ・ヒアリング ・コスト低減	1.0	実行すべき○○業務をほとんど実施していなかった	実行すべき○○業務を標準に達しないレベルで実施していた	実行すべき○○業務を標準レベルで実施していた	実行すべき○○業務を優れたレベルで実施していた	実行すべき○○業務を優れたレベルで実施しており、他の社員にも教えていた
		……	……	……	…	……	……	……	……	……
		……	……	……	…	……	……	……	……	……
		……	……	……	…	……	……	……	……	……
		……	……	……	…	……	……	……	……	……
	知識技術	自社と他社の製品知識	顧客の課題解決につながる自社他社の製品知識	自社と他社製品の長所短所の理解	1.0	必要な△△知識をほとんど保有していなかった	必要な△△知識を標準に達しないレベルで保有していた	必要な△△知識を標準レベルで保有していた	必要な△△知識を応用レベルで保有していた	必要な△△知識を応用レベルで保有しており、他の社員にも教えていた
		……	……	……	…	……	……	……	……	……
		……	……	……	…	……	……	……	……	……
		……	……	……	…	……	……	……	……	……
		……	……	……	…	……	……	……	……	……
	勤務態度	明るく元気に挨拶	明るく相手に伝わる挨拶ができる	・社内 ・お客様 ・仕入れ先	1.0	大切な□□の姿勢をほとんど示していなかった	大切な□□の姿勢を標準に達しないレベルで示していた	大切な□□の姿勢を標準レベルで示していた	大切な□□の姿勢を模範レベルで示していた	大切な□□の姿勢を模範レベルで示しており、他の社員にも好影響を与えていた
		……	……	……	…	……	……	……	……	……
		……	……	……	…	……	……	……	……	……
		……	……	……	…	……	……	……	……	……
		……	……	……	…	……	……	……	……	……
				合計	20.0					

新・人事制度研究会　人事制度構築テキストより（著者一部加筆）

タッフ職層の社員は、「期待成果」を出すための行動力をじっくり育てていく必要があるため、プロセス（「重要業務・知識技術・勤務態度」）の評価ウェイトが大きくなるのに対し、ベテランの管理職層の社員は、経営者と同じ目線が要求されるため、結果（「期待成果」）の評価ウェイトが大きくなります。

　最後に、各成長要素の成長基準（1～5点の成長基準の内容）を作成し、「成長支援シート」の試作版とします。なお、「期待成果」「重要業務」「知識技術」「勤務態度」について一つずつですが、営業職の成長支援シートの記載例を図13に示しましたので、参考にしてください。

留意ポイント1　成長要素が多すぎると、社員の成長意欲が低下する

ステップ2でのポイントは相関関係の強い成長要素を絞り込むことでしたが、要素を抽出していると「あれも大事、これも大事、あれも関係があるかもしれない、なんならそれも入れておこう……」と、項目が膨大な数に膨れ上がってしまう傾向があります。確かに「成長要素設計表」としては、成長要素が漏れなく抽出できているので、多いほどより正確で精緻なものをつくることができます。しかし、成長要素が一定数を超えると、社員の成長意欲が低下してしまう現象が起きてしまうのです。

その現象は、約10年間かけて80社ほどの企業に協力してもらい、モニタリングした結果、判明しました。もともとは、「成長要素の数」と「社員の成長点数の伸び」にどのような相関があるのかという疑問からスタートしたのですが、具体的には、その80社を3つ

のグループに分け、成長要素をAグループは20項目まで、Bグループは21〜35項目、Cグループは36項目以上で「成長支援シート」を作成してもらい、その後の社員の成長点数の伸びを測定したのです。

経営者としては、成長要素の項目数が多くなればなるほど、各成長要素の紐づけ（相関・因果関係）がはっきりして漏れは少なくなるので安心です。

ところが、結果は違いました。社員からすると「あれも大事、これも大事。あれもやらないといけない、これもやらないといけない」とオーバーフローになり、成長要素を意識できないまま成長が停滞する、という結果が顕著に出たのです。成長要素の項目数を多くしすぎると、社員の成長意欲が逆に下がるという皮肉な結果です。

このことから、多少の漏れはあったとしても、成長要素の項目数は絞り込んだほうが社員の成長と会社の業績につながりやすいことが明らかになったのです。それ以来、人事制度のご依頼をいただいた企業へは、成長要素の数を20項目程度に絞り込むようにお願いしています。

「成長支援シート」は、あくまでも、社員の成長を支援し、成長意欲を高めるためのものですが、作成作業を進めていると、多くの経営者は、正確で精緻で完璧なものをつくろうとしてしまうために、知らず知らずのうちに、つくることが目的になってしまうのです。あくまでも「成長支援シート」は手段としてのツールであって、目的は社員の成長意欲を高めることだ、ということを忘れないでいただきたいと思います。

留意ポイント2　成長要素を絞り込むための5つの視点

成長要素の絞り込みを行う際には、次のような視点をもつようにしてください。

- 重要度：「期待成果」を生み出すうえで重要性が高いかどうか
- 緊急度：「期待成果」を生み出すうえで早く取り組むべきかどうか
- 影響度：ほかの「期待成果」にも波及する可能性があるかどうか
- 重複度：一見違う業務でも、内容や目的が同じかどうか
- 結合可能性：複数の業務でも一つにまとめられるかどうか

これらの視点をもって絞り込むと、意外とスムーズに絞り込むことができます。

ステップ3　「仮評価」による「成長支援シート（試作版）」の修正
――成長支援者による仮評価を実施し、成長支援シートの内容を見直す

ステップ3では、ステップ2で作成した「成長支援シート（試作版）」を使って、実際に部下の成長支援評価を行う各部門・各職種の成長支援者（上司＝部課長クラス）に仮評価（テスト評価）をしてもらいます。実際の自分の部下に対する成長点数を仮に付けることで、事前に、

●成長点数を付けづらい項目がないかどうか
●現場の実態からかけ離れた内容がないかどうか
●成長基準やウェイトづけは納得のできるものかどうか
●頭の中にある部下の優劣が、仮評価点数と矛盾していないかどうか

などを確認・判断し、必要に応じて内容を修正します。

実際に各部門・各職種の成長支援者に評価してもらうと、どうしても各部門間で成長点

数の付け方にバラツキが出ます。成長点数の平均点が高い部門もあれば、低い点数の部門も出てきます。例えば、営業部門の平均成長点数が高いのに比べて、製造部門の平均成長点数が全体に低いといったことが起こります。これは、点数を付ける成長支援者の理解や慣れに問題がある場合もありますが、成長要素の内容が曖昧だったり、成長基準の難易度にバラツキがあったりする場合もあります。

これらの問題点を、各部門の成長支援者に実際に仮評価してもらったうえで確認し、また、成長支援者から率直な意見をもらうことで「成長支援シート」の内容や成長基準を調整・修正していきます。このステップは、いわば「成長支援シート」の内容の確認と修正です。それを通して「成長支援シート（試作版）」の修正を行います。

留意ポイント1　「正解」がない分、会社の価値観が現れる

一般的な傾向として、日常のルーチン的な仕事は点数が高くなる傾向があります。誰にでもできる比較的簡単な作業や毎日行っている業務は、あまり低い点数は付けにくいもの

です。

また、営業でのお客様との関係構築の仕方など、人によってやり方が異なるような仕事の場合、会社としてのあるべき姿を一つに決めてしまうと、それと違うやり方をしている人の点数が低くなってしまうという問題も起こります。そういう場合は、一度、会社としての基本に立ち返ったうえで、成長要素の内容や基準を見直します。

この「成長支援シート」の内容の修正・部門間調整のステップは、必ずしも正解があるものではなく、ときには、手探りで進めていかなければならない手間のかかる作業ですが、それだけに会社の価値観や考え方を反映させる重要なステップでもあります。最終的には、いかに一人ひとりの社員の成長支援につながるか、というポイントが重要になります。

留意ポイント2　全員参加で成長支援の意識・風土を醸成する

そしてもう一つ、このステップはできるだけ会社の成長支援者（上司＝部課長クラス）全員に集まってもらい、仮評価をしてもらうようにすることです。「成長支援シート」は、社長や一部の役員だけでつくるのではなく、部下の成長支援をする成長支援者全員でつくるものだからです。このステップを丁寧に行い、会社全体のプロジェクトの形で作成ステップを進めていくことで、会社全体としての「部下の成長を支援していこう」という意識・組織風土が醸成されていくのです。

ステップ4 「仮フィードバック」による上司と部下の関係確認と「成長支援シート」の再修正——評価される部下の視点から、「成長支援シート」を見直す

ステップ4では、ステップ3で修正した「成長支援シート（修正版）」を用いて、各部門・職種の成長支援者が、自分の職場で一部の部下に対して仮のフィードバックを行います。これも仮ではありますが、実際に上司から部下に対してフィードバックのトライアルを行ってみるのです。上司から部下への仮のフィードバックを行ってみることで、今度は評価される側の部下の立場・視点から

- 「成長支援シート（修正版）」の内容に納得がいくかどうか

●現場の実態と乖離《かいり》していないかどうか
●現場で必要な知識や技術に漏れがないかどうか
●自分が成長したくなるような内容になっているかどうか

などについて、部下自身の視点から自由に思ったことを語ってもらいます。ちなみにここでは良いことを言ってもらうのではなく、率直にダメ出しをしてもらうのが目的です。部下からのダメ出しに基づいて「成長支援シート」の再修正を行います。


実際に部下に対して仮フィードバックを行ってみると、例えば、

「こんなシートでは納得できないですよ。実際に私がやっているのは、こういうことではありませんから……」

「実際の営業現場では、これと違うことで実績を上げているのですが……」

「私が重要だと思っている項目がこのシートには載っていないのですが……」

「もっとこういう仕事を評価してもらいたいのですが……」

などの率直で正直な意見が返ってきますが、ここではまだ仮の段階であり、思ったことや

感じたことを、どんどん言ってもらうことが目的です。社員個人の意見ですから、それが正しいかどうかは別の話で、それより「成長支援シート」を見てどう感じたかという、部下の肌感覚を知ることが重要です。評価される側の立場から確認することができるからです。

この仮フィードバックにはもう一つねらいがあって、それは上司自身に日頃の部下との関係構築のあり方を振り返ってもらい、問題点があればそれを自覚し、改善してもらう、というものです。

私のコンサルティング活動の経験からいうと、中小企業で普段から上司が意識して部下との関係構築を図っている割合は多くないと思います。良くも悪くも職人気質の上司が、心の中では「成長しないのは部下本人の責任だ。私のせいではない」と思っていることが多いからだと思います。そのため、上司と部下が時間をかけて話し合い、上司が部下の成長を心から支援するようなフィードバックは、ほとんど行われていません。そうしたなかで、仮とはいえフィードバックを実際に行ってみると、なかなか思うようにいかず、一方的なコミュニケーションで終わってしまい、いかに難しいかを上司は痛感することになります。

「今度社長からの命令で、新しくつくった『成長支援シート』というものを使って試しにフィードバックをしてみてくれと言われた。だから、これからフィードバックをするぞ。いいか。君はこの項目は何点で、こっちの項目は何点だ。どうだ。このシートの内容や点数の付け方を見て、何か感じることがあったら正直に言ってくれ」

言われたほうの部下も、上司の一方的なもの言いに、正直に答える気もうせ、

「いや、特にありませんけど……」

としか答えられません。上司もどう続けていいか分からないので

「ところで最近、どうだ。うん？」

「いや、別に変わりはありませんが……」

「……」

と、もうそこで止まってしまいます。

アイスブレイクをしたつもりでも、部下は「はい」「いいえ」の一言で終わってしまう。「何か質問あるか?」と聞いても答えは返ってきません。

でも、これは決して無意味なことではないのです。このフィードバックのトライアルをすることで、日頃の上司と部下との関係構築のあり方、上司としてのコミュニケーションスキル、フィードバックスキルの実態が明白になります。それによって上司自身に「こんなことではいけない」と感じてもらうことが大切なのです。自分自身のコミュニケーションやフィードバックに対する問題点や改善点に対する気づきを得ることが重要な目的です。

留意ポイント1　上司のフィードバック下手は、社長のせい?

部課長クラスの部下へのフィードバックがうまくいかない大きな原因の一つに、経営者の普段のコミュニケーションがあります。つまり、上司(部課長クラス)と部下との関係構築以前に、経営者と部課長クラスとの関係構築がうまくできていないのです。

一般的に、多くの中小企業の経営者は、「部課長なのだから、成長は本人の問題だ」と思っています。決して「部課長の成長は、経営者である自分の問題」などとは思っておらず、その結果、普段からのコミュニケーションやフィードバックも一方通行で行われている場合が多くあります。そして、部課長たちも、この会社ではそれが当たり前だ、と思ってしまっています。そのことを経営者に自覚してもらい、経営者自身のコミュニケーションのあり方を変えてもらわなければ、部課長のコミュニケーションマインド、コミュニケーションスキル、フィードバックスキルも上がるわけがないのです。

このように、経営者のコミュニケーションに問題がある場合、いくら「成長支援型人事制度」を導入しても、形だけの導入になってしまい、最終的に社員一人ひとりが「ここで働きたい！　ここでもっと成長したい！」という会社には変われないのです。

必要だと判断したときには、私は経営者と膝を突き合わせて、

「社長ご自身に変わっていただけなければ、この制度は成功しません。厳しいことを言ってしまい申し訳ありませんが、部課長とのコミュニケーションを変えていただきたいのです」

と、単刀直入にお伝えすることもあります。私が人事制度構築のお手伝いに入った際、い

ちばんの高い壁というのは、そのあたりだったりします。

そこで効果的なのが、このステップ4で管理職層用の「成長支援シート（修正版）」を使って、社長自らが部課長クラスとの関係構築のためのフィードバックのトライアルを行うことです。本番の評価のフィードバックではないだけに、部課長も率直な意見を出しやすいようで、そこから率直な意見を聞き、リアルなコミュニケーションを繰り返すことで、両者の関係性は確実に変わってきます。お互い人間同士なのですから、本音で話し合えば心が通じ合い、コミュニケーションのあり方も変わってくるのです。

❷等級ステップアップ制度構築フェーズ

ステップ5　等級ステップアップ基準の作成
——明確な基準を公開・共有し「成長の道標」にする

これまでの「成長支援評価制度」構築フェーズで、上司と部下の両方の視点や感覚を取り入れた「成長支援シート」をつくることができました。次は、成長の道標である「等級ステップアップ制度」を構築するフェーズです。ステップ5では、等級のステップアップ（昇級）基準を作成し、併せて最短昇給やステップバック（降級）基準などの特例基準も作成します。そのうえで、各社員に対する等級の仮格付けを行います。

「成長支援型人事制度」における等級ステップアップ制度は「3階層9等級」でつくっていきます。この階層・等級はこのとおりでなくてもいいのですが、私の経験上、運用のしやすさから中小企業では、いちばんしっくりきます。

81ページの図9のイメージに、ステップアップ基準を加えたものが次ページの図14です。

一定の成長点数を一定年数とることができれば、1つ上の等級に昇級することができます。実際には、等級ごとに1つ上の等級に昇級する条件が異なりますので、その昇級基準について説明します。

図14　等級ステップアップ制度の昇級基準イメージ

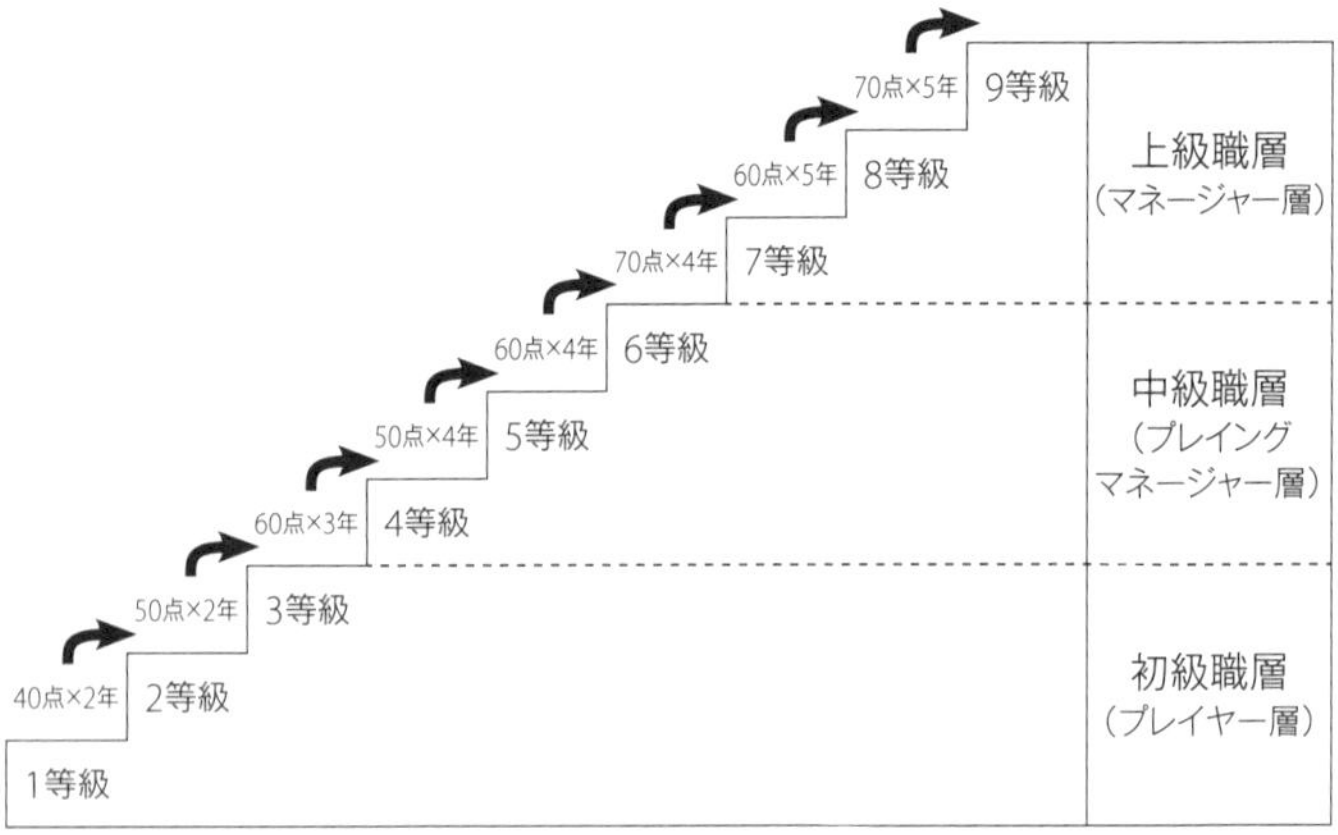

まず、図15のように成長点数の評価区分を設定します。そして、図16の等級ステップアップ基準のように標準昇級と最短昇級の基準を定めて運用していくのです。

例えば、標準の昇級基準を見ると、「5→6等級」の欄に「B評価を4年」とあります。そして、成長点数の評価区分（図15）のB評価欄を見ると「60点～70点未満」とあります。これは、5等級から6等級に標準で昇級するためには、B評価（60点～70点未満）の成長点数を4年間とる必要があるということです。

また、最短の昇級基準（図16右側）を見ると、同じく「5→6等級」の欄に「A評価以

図15　成長点数の評価区分（例）

S評価	80点　～　100点
A評価	70点　～　80点未満
B評価	60点　～　70点未満
C評価	50点　～　60点未満
D評価	40点　～　50点未満
E評価	20点　～　40点未満

図16　等級ステップアップ基準（例）

昇級区分	標準の昇級基準	最短の昇級基準
8→9等級	A評価を　5年	S評価を　4年
7→8等級	B評価を　5年	A評価以上を　4年
6→7等級	A評価を　4年	S評価を　3年
5→6等級	B評価を　4年	A評価以上を　3年
4→5等級	C評価を　4年	B評価以上を　3年
3→4等級	B評価を　3年	A評価以上を　2年
2→3等級	C評価を　2年	B評価以上を　1年
1→2等級	D評価を　2年	C評価以上を　1年

新・人事制度研究会　人事制度構築テキストより（著者一部加筆）

上を3年」とあり、成長点数評価区分（図15）のA評価欄に「70点～80点未満」とあります。これは、5等級から6等級に最短で昇級するためには、A評価（70点～80点未満）以上の成長点数を3年間とる必要があるということです。なお、等級ステップアップ基準表の年数は、連続することを要しません。

このように、等級のス

テップ、およびステップアップの基準（標準、最短）を明確に定め、それを社員に事前に公開・共有することで、どれだけ頑張れば、どのようにステップアップできるのかということを分かってもらい、一人ひとりにとっての成長の道標にしてもらうわけです。

留意ポイント1 上司推薦・社内試験・資格取得などを条件に組み入れる

等級ステップアップ制度の基準を作成する際によく議論になるのは、昇級に際して、成長支援シートによる成長点数だけで機械的に上げてしまっていいのかということです。確かに成長点数だけでは、イレギュラー社員の処遇に対応できない場合が出てきます。そのため、成長点数だけでなく、人の目や客観的な指標を組み入れることをお勧めします。具体的には、上司推薦、筆記試験、役員面接、必要な資格取得などです。

留意ポイント2 管理職層への昇級は、「勤務態度」がカギ

管理職層に上がる際は、「勤務態度」が一定の点数以上でないと上がれないという特別

ルールを設けている会社もあります。これは、いくら「期待成果」「重要業務」「知識技術」の成長点数が優れていても、管理職としての部下への影響を考えると、態度や姿勢、日常の挨拶やコミュニケーションなどに問題があれば、管理職には上げられないといったルールです。

そのあたりも、その会社の経営者の価値観などによって、プラスアルファの条件やルールを付加していけばよいと思います。

留意ポイント3 降級基準の裏には、経営者の成長支援の思いがある

降級基準表を作成することは、等級制度の公平性を担保する意味では重要です。それを等級ステップバック基準として次ページの図17に示しました。

例えば、5等級の社員が2年連続してD評価（40点~50点未満）の成長点数をとってしまうと、4等級に降格してしまいます。ただ、この降級基準を設ける真の目的は、できない社員をただ単に降級させるためにあるのではありません。経営者の「一人も脱落者を出したくない」「そのためには、成長の必要性を本人にも上司にも改めて強く認識してもら

い、奮起してほしい」という思いがあってこそ設けられているのです。

図17　等級ステップバック基準（例）

降級区分	降級基準
9→8等級	B評価以下を　2年連続
8→7等級	C評価以下を　2年連続
7→6等級	D評価以下を　2年連続
6→5等級	C評価以下を　2年連続
5→4等級	D評価以下を　2年連続
4→3等級	E評価を　2年連続
3→2等級	D評価以下を　2年連続
2→1等級	E評価を　2年連続

新・人事制度研究会　人事制度構築テキストより（著者一部加筆）

❸賃金制度構築フェーズ

ステップ6　新賃金体系と賃金テーブルの作成
——現状の問題点を洗い出し、新しい賃金体系を設計する

次は、「成長支援型人事制度」のタイヤの部分にあたる「賃金制度」を構築するフェーズに入ります。ステップ6では、「現行賃金制度の課題抽出」「新賃金体系の設計、基本給の各テーブル設計」「昇給基準表（昇給ルール表）の作成」を行います。

最初の「現行賃金制度の課題抽出」とは、現行の賃金制度の棚卸しを行い、うまくいっていないことや、そもそもの目的が曖昧なために社員に対してきちんとした説明ができないようなことを洗い出し、今後どうしていくべきかを検討します。

例えば、そもそも基本給とは何か、基本給の「基本」とは何か、誰もうまく説明できないこともあると思います。また、いろいろな手当がありますが、そもそもの目的や支払い基準が分からない手当や、一部の社員だけに支給されている不明な手当が存在していることもよくあるのです。

また、中小企業では、社員採用時にその場で賃金を決定することも多くあるため、社員によって実力と乖離した賃金が支給されている場合もあります。まずは、そのような問題点を洗い出し、今後どうすべきかを検討する必要があるのです。

新賃金体系の設計とは、洗い出された問題点が解決できるよう、基本給や諸手当の決定方法、支給基準の骨組みをつくることです。そこでは、基本給・諸手当の定義や目的も明確にします。

そして、基本給を年功的賃金である年齢給、勤続給と、成果能力的賃金である成長貢献給に分け、おのおのの賃金テーブルを作成します。その一例として、「年齢給表」（図18）、「勤続給表」（図19）、「成長貢献給表」（図20）を示します。これら各賃金テーブル作成の際には、現在の最低賃金や世間相場を確認することはもちろんのこと、少なくとも今後10年ぐらいの予測を踏まえて設計していきます。そのうえで、新卒社員が、定年まで勤務した場合の標準的な賃金カーブを明らかにするためにモデル賃金（図21）を作成して、各賃金表や諸手当の組み合わせ、全体の支給総額などに問題がないかどうかを確認していきます。

また、昇給についてですが、一般的に、経営者は会社の業績が良ければ昇給できると考え、一方で、社員個人は自分が頑張ったら昇給できると考えるように、両者は正反対の考え方になります。この考え方の違いが、優秀な社員の退職トラブルを引き起こします。したがって、年功的賃金である年齢給と勤続給を除き、図20に示す「成長貢献給表」の中で

図18　年齢給表（例）

年齢	金額	ピッチ額
18	90,000	0
19	94,000	4,000
20	98,000	4,000
21	102,000	4,000
22	106,000	4,000
23	109,000	3,000
24	112,000	3,000
25	115,000	3,000
26	118,000	3,000
27	120,000	2,000
28	122,000	2,000
29	124,000	2,000
30	126,000	2,000
31	127,000	1,000
32	128,000	1,000
33	129,000	1,000
34	130,000	1,000
35	131,000	1,000
36	132,000	1,000
37	133,000	1,000
38	134,000	1,000
39	135,000	1,000
40	136,000	1,000

年齢	金額	ピッチ額
41	136,000	0
42	136,000	0
43	136,000	0
44	136,000	0
45	136,000	0
46	136,000	0
47	136,000	0
48	136,000	0
49	136,000	0
50	136,000	0
51	136,000	0
52	136,000	0
53	136,000	0
54	136,000	0
55	136,000	0
56	136,000	0
57	136,000	0
58	136,000	0
59	136,000	0
60	0	−136,000

図19　勤続給表（例）

勤続年数	高卒年齢	金額	ピッチ額
0	18	0	0
1	19	3,000	3,000
2	20	6,000	3,000
3	21	9,000	3,000
4	22	12,000	3,000
5	23	14,000	2,000
6	24	16,000	2,000
7	25	18,000	2,000
8	26	19,000	1,000
9	27	20,000	1,000
10	28	21,000	1,000
11	29	21,000	0
12	30	21,000	0
13	31	21,000	0
14	32	21,000	0
15	33	21,000	0
16	34	21,000	0
17	35	21,000	0
18	36	21,000	0
19	37	21,000	0
20	38	21,000	0

勤続年数	高卒年齢	金額	ピッチ額
21	39	21,000	0
22	40	21,000	0
23	41	21,000	0
24	42	21,000	0
25	43	21,000	0
26	44	21,000	0
27	45	21,000	0
28	46	21,000	0
29	47	21,000	0
30	48	21,000	0
31	49	21,000	0
32	50	21,000	0
33	51	21,000	0
34	52	21,000	0
35	53	21,000	0
36	54	21,000	0
37	55	21,000	0
38	56	21,000	0
39	57	21,000	0
40	58	21,000	0
41	59	21,000	0
42	60	0	−21,000

図20　成長貢献給表（例）

等級	1等級	2等級	3等級	4等級	5等級	6等級	7等級	8等級	9等級
ピッチ額 / 号俸	500	600	700	1,200	1,300	1,400	2,300	2,400	2,500
1	100,000	103,000	106,600	112,900	127,300	142,900	159,700	194,200	230,200
2	100,500	103,600	107,300	114,100	128,600	144,300	162,000	196,600	232,700
3	101,000	104,200	108,000	115,300	129,900	145,700	164,300	199,000	235,200
4	101,500	104,800	108,700	116,500	131,200	147,100	166,600	201,400	237,700
5	102,000	105,400	109,400	117,700	132,500	148,500	168,900	203,800	240,200
6	102,500	106,000	110,100	118,900	133,800	149,900	171,200	206,200	242,700
7	103,000	106,600	110,800	120,100	135,100	151,300	173,500	208,600	245,200
8	103,500	107,200	111,500	121,300	136,400	152,700	175,800	211,000	247,700
9	104,000	107,800	112,200	122,500	137,700	154,100	178,100	213,400	250,200
10	104,500	108,400	112,900	123,700	139,000	155,500	180,400	215,800	252,700
11	105,000	109,000	113,600	124,900	140,300	156,900	182,700	218,200	255,200
12	105,500	109,600	114,300	126,100	141,600	158,300	185,000	220,600	257,700
13	106,000	110,200	115,000	127,300	142,900	159,700	187,300	223,000	260,200
14	106,500	110,800	115,700	128,500	144,200	161,100	189,600	225,400	262,700
15	107,000	111,400	116,400	129,700	145,500	162,500	191,900	227,800	265,200
16	107,500	112,000	117,100	130,900	146,800	163,900	194,200	230,200	267,700
17	108,000	112,600	117,800	132,100	148,100	165,300	196,500	232,600	270,200
18	108,500	113,200	118,500	133,300	149,400	166,700	198,800	235,000	272,700
19	109,000	113,800	119,200	134,500	150,700	168,100	201,100	237,400	275,200
20	109,500	114,400	119,900	135,700	152,000	169,500	203,400	239,800	277,700
21	110,000	115,000	120,600	136,900	153,300	170,900	205,700	242,200	280,200
22	110,500	115,600	121,300	138,100	154,600	172,300	208,000	244,600	282,700
23	111,000	116,200	122,000	139,300	155,900	173,700	210,300	247,000	285,200
24	111,500	116,800	122,700	140,500	157,200	175,100	212,600	249,400	287,700
25	112,000	117,400	123,400	141,700	158,500	176,500	214,900	251,800	290,200
～	～	～	～	～	～	～	～	～	～
95	147,000	159,400	172,400	225,700	249,500	274,500	375,900	419,800	465,200
96	147,500	160,000	173,100	226,900	250,800	275,900	378,200	422,200	467,700
97	148,000	160,600	173,800	228,100	252,100	277,300	380,500	424,600	470,200
98	148,500	161,200	174,500	229,300	253,400	278,700	382,800	427,000	472,700
99	149,000	161,800	175,200	230,500	254,700	280,100	385,100	429,400	475,200
100	149,500	162,400	175,900	231,700	256,000	281,500	387,400	431,800	477,700

図21　モデル賃金（高卒・総合職の例）

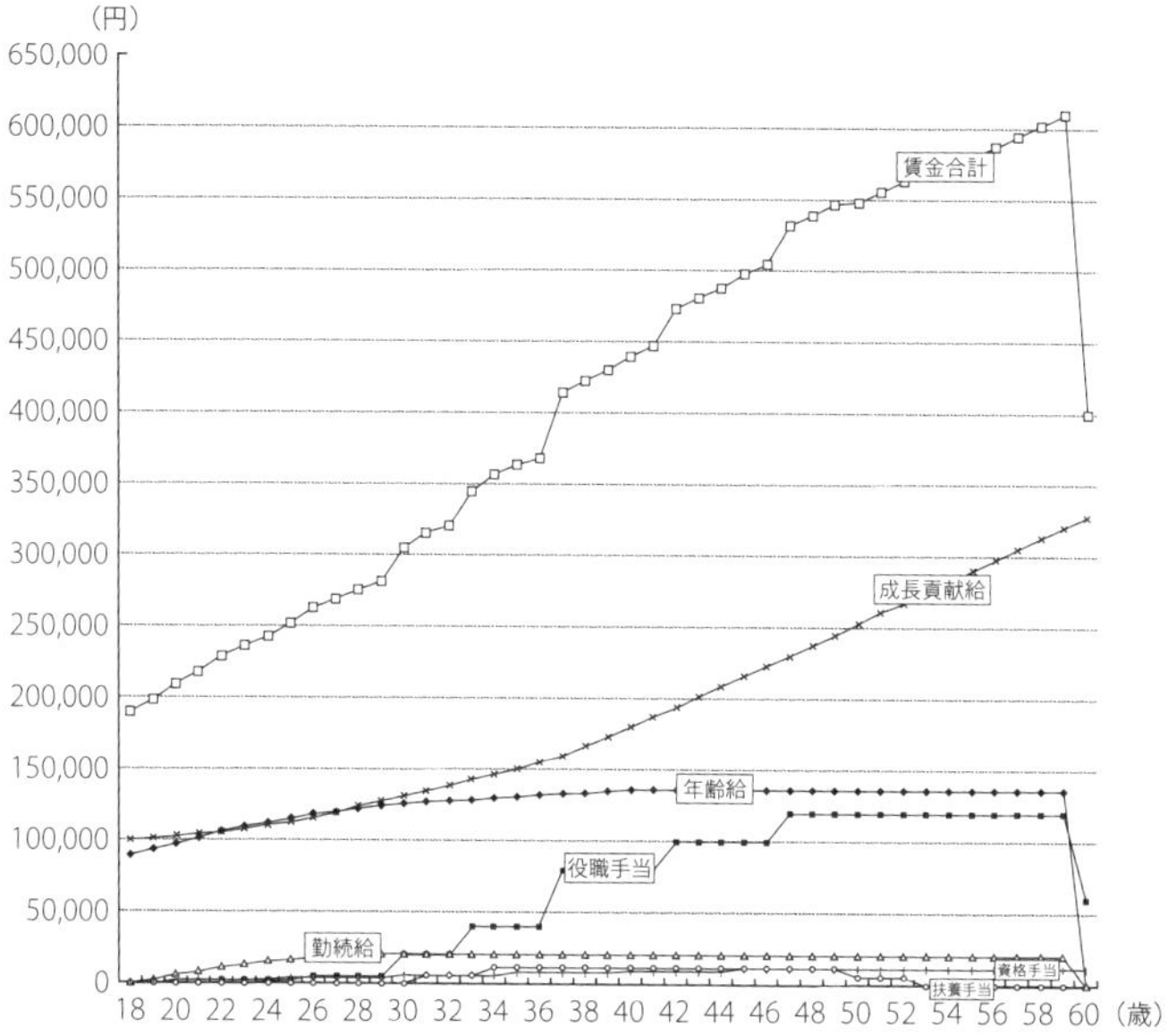

新・人事制度研究会　人事制度構築テキストより（著者一部加筆）

図22　成長貢献給の昇給基準表（例）

会社の業績／社員の評価	会社の経営目標達成度				
	①110%以上	②105%以上	③100%以上	④95%以上	⑤95%未満
S評価	8号俸昇給	7号俸昇給	6号俸昇給	5号俸昇給	4号俸昇給
A評価	7号俸昇給	6号俸昇給	5号俸昇給	4号俸昇給	3号俸昇給
B評価	6号俸昇給	5号俸昇給	4号俸昇給	3号俸昇給	2号俸昇給
C評価	5号俸昇給	4号俸昇給	3号俸昇給	2号俸昇給	1号俸昇給
D評価	4号俸昇給	3号俸昇給	2号俸昇給	1号俸昇給	昇給なし
E評価	3号俸昇給	2号俸昇給	1号俸昇給	昇給なし	昇給なし

新・人事制度研究会　人事制度構築テキストより（著者一部加筆）

どのように昇給していくのか、その明確な基準を決めなければなりません。

その基準を定めたものが、図22に示す「成長貢献給の昇給基準表」で、会社の業績と社員個人の評価をマトリックス化したものです。会社の業績区分（経営目標の達成度）を横軸に、社員個人の評価区分（図15参照）を縦軸に置き、それによってつくられた昇給基準表を事前に公表しておけば、少なくとも不幸な形で社員が辞めていくトラブルは防げるのです。

成長貢献給の昇給基準＝「会社の業績」×「社員個人の評価」

留意ポイント1　年功的賃金と成果能力的賃金のブレンド

年功的賃金（年齢給、勤続給）と、成果能力的賃金（成長貢献給）のブレンド割合をどうするか、という重要なポイントがあります。

昨今の人手不足のなかで、若手や勤続が短い社員に対して、年齢給や勤続給などの年功的賃金のブレンド割合を増やすことで、一定の賃金水準を確保するという考え方が多くなってきました。

具体的には、年齢給であれば「20歳代前半は昇給ピッチ額を高めに設定し、それ以降、徐々に減らしていき、40歳を過ぎれば昇給をゼロにする」（図18）、勤続給であれば「入社後10年までは毎年の昇給ピッチ額を徐々に減らしていき、それ以降は昇給をゼロにする」（図19）というような設計をします。

これは、単に数字の問題だけではなく、40歳を過ぎれば、または勤続10年を過ぎれば、自分の力だけで賃金を増やしていってほしいという会社のメッセージでもあります。

なお、この40歳や10年というのは、あくまで一例であって、自社の社員の定着・離職傾向を分析して設定していくことが必要です。

留意ポイント2　能力給ではなく成長貢献給

高度経済成長期の基本給は、能力をもっていさえすれば上がっていくという傾向がありました。しかし、経済の先行きが見えない現在では、能力をもっているだけではダメで、もっている能力を成長させて実際に発揮し、それを成果につなげて会社に貢献することで昇給につながるという考え方になってきています。

そういったことから成果能力的賃金は、「能力給」ではなく、「成長貢献給」と名付けています。

ステップ7 新賃金への移行シミュレーション
――シミュレーションを繰り返し、最適解を見つける

ステップ7では、ステップ6で作成した新賃金体系と賃金テーブルに基づき、現行賃金から新賃金への移行シミュレーションを繰り返し行います。実際には、基本給の各賃金テーブルの修正、社員一人ひとりの等級仮格付けの修正、諸手当の修正などを繰り返して、新賃金への移行を完成させます。このステップでは、現行賃金制度から新しい賃金制度への移行の前後で、社員一人ひとりの賃金のプラスマイナスがどうなるかを検証し、何度も移行シミュレーションを繰り返すことによって、全員のプラスマイナス幅ができるだ

け小さくなるように調整していきます。

移行シミュレーションは、何度も繰り返す必要がありますが、少なくとも移行後の新賃金が移行前より減ることは避けなければならないため、どうしてもマイナスになってしまう場合には、別枠で経過措置的に調整手当などを設定して対応します。

留意ポイント1 この機会に、賃金体系のゆがみを解消する

中小企業では中途入社社員が多く、その時々のさまざまな個別事情や状況によって恣意的に賃金が決まることもあるため、多くのゆがみが生じやすくなっています。その結果、優秀な社員の賃金が低く、そうでない社員の賃金が高いということも、現実として発生してしまいます。そのため、この新賃金体系への移行によって、少しでもゆがみを解消することも、このステップで行っていきます。

❹制度導入準備フェーズ

ここから「制度導入準備」フェーズに入ります。このフェーズでは、まず、新しく導入する「成長支援型人事制度」を社員に説明し、評価の練習とフィードバックの練習を行い、実際の導入へ向けての準備を進めていきます。

ステップ8 社員説明会の開催 ――縁あって共に働く社員が心豊かになってほしい

ステップ8では、新たに「成長支援型人事制度」を導入するにあたって社員説明会を開催します。この社員説明会は、「成長支援型人事制度」をスムーズに導入するうえで非常に重要な場になります。なぜなら、新しい人事制度の導入は、一人ひとりの社員にとって、これからの働き方に大きな影響を及ぼす可能性があるからです。

また、新しい人事制度が導入されると聞けば、給与が下がるかもしれない、昇格や昇給が難しくなるかもしれない、管理職になれなくなるかもしれない、会社は自分たちをどうしようとしているのか、などの不安が出てきても当然なわけです。それをこの社員説明会で、納得と成長意欲、貢献意欲という感情に変えていく必要があるのです。

留意ポイント1　縁あって共に働く社員が心豊かになってほしいという気持ちを伝える

社員説明会では、最初に経営者から「成長支援型人事制度」導入への想いを語ってもらいます。ここが最も重要なところです。50人程度の会場であれば、マイクは使わずに経営者自身の生の声で語るほうが気持ちは伝わります。特定のシナリオや雛型があるわけではありません。あくまでも経営者自身の言葉で語ってもらいます。

そのときに重要なことは、経営者の社員への想いを伝えることです。

それは、この制度が会社のためというより、縁あってこの会社で共に働いている私たちが、自身の成長と社会への貢献で、互いに人生を豊かにするために導入するものであるということです。表現方法はともかく、この会社で頑張ることで心豊かな人生にしてほしいという気持ちを伝えなければなりません。

そのうえで、具体的に「成長支援評価制度」、「等級ステップアップ制度」、「新賃金制度」の概要、考え方、仕組み、運用方法、今後のスケジュールなどを説明します。

説明会において、テクニカルな部分は、外部コンサルタントである私が説明することもあるのですが、できる限り、経営者と経営幹部に説明してもらうようにしています。テクニカルな部分といえども、外部の私が前面に出過ぎてしまうと、一瞬で「なんだ、外部のコンサルタントに丸投げじゃないか」と思われてしまうからです。

それだけデリケートな場であるため、慎重な配慮が必要です。私はできる限り出しゃばらずに、テクニカルな部分に漏れがないか、内容が伝わっているかどうかを確認する程度にとどめています。

留意ポイント2　質問は逃げずに、誠心誠意答える

説明がひととおり終わったあと、社員との質疑応答を行います。質疑応答では、必ずす

べての質問に対して一つひとつ真摯に答えていきます。質問は30分も、場合によっては1時間も続くかもしれません。しかし、そうであっても途中で「予定の時間がきたので……」とか「次の会議が入ってしまっているので……」という理由で遮ってはいけません。その日の予定はすべて空けておいて、質問には逃げずに誠心誠意答えるという姿勢がとても大切です。

そういう場で必ず出る質問は「給与が下がるケースもあるのでしょうか」という質問です。当然のことながら、一人ひとりの社員は、会社の行く末よりも自分の目の前の生活が気になりますから

- 自分の賃金がどれくらいになるのかイメージできない
- 自分の賃金が下げられてしまうのではないか

といった、自分の賃金に関することが最も気になるところです。そのときは、

- 原則として、現状と同額以上で移行すること
- 一人ひとりの賃金は1円たりとも下がらないこと

を明言します。

そして、現時点での賃金だけでなく、今後の賃金がどのように上がっていくか、どういうステップアップの方法が用意されているかなどをモデル賃金（127ページ図21参照）で説明します。現在のことだけでなく、将来の展望も説明すると納得感が増します。

そのためにも、ステップ7で賃金シミュレーションとモデル賃金の調整をしっかり行っておくことが重要になります。

ステップ9 評価とフィードバックの練習
——練習を通してスキルと意識を高め、職場風土を醸成する

新しい制度を導入する際には、導入そのもの以上に、導入するための事前準備や、社員がその制度を受け入れやすくなるための風土づくりをしなければなりません。

このステップ9では、上司が部下に対して行う評価と評価フィードバックの練習をします。単に点数を伝えるだけの評価フィードバックではなく、部下のモチベーションが上がり、成長意欲が高まるような評価フィードバックができるようになるための練習を行います。

具体的には、成長支援者（部下をもつ上司評価者）に対する研修と職場での実践を行い、じっくりと取り組みます。個人のスキルや意識を高めるだけでなく、「成長支援型人事制度」に対する職場の理解や雰囲気を高める意味合いもあります。急ぐことなく、通常で3カ月、長い場合は半年もの時間をかけてじっくり行うこともあります。

留意ポイント1

練習をすることで、理解と意識を高める

練習をすること自体が、「成長支援型人事制度」の考え方の理解や意識の醸成にもつながります。上司たちも正直、最初は新制度に疑心暗鬼になっています。中には
「これまでやらなくてもよかったことをやらされることになった」

「面倒な仕事がまた増えてしまった」

「仕事が忙しい中、そんな時間はとれないよ」

と思っている上司もいます。ここでは時間をかけてでも、そのやらされ感を払拭していく必要があるのです。

留意ポイント2

研修と実践を繰り返し、スキルと職場風土を醸成する

このステップでは、例えば、次のような流れで研修と実践を繰り返します。

- 研修：評価研修・フィードバックのロールプレイング研修

⬅

- 実践：現場での評価とフィードバックの実践練習

⬅

- 研修：実践結果の振り返り研修

フィードバックのロールプレイング研修では、成長支援者（上司評価者）に集まってもらい、改めて成長支援評価制度の内容や目的を説明したうえで、評価者同士でフィードバックのロールプレイングをしてもらいます。お互いに自分が評価する側や評価される立場になることによって

「フィードバックをする際には、足りないところではなく、優れたところから伝えたほう

がいい」
「これから取り組むべき課題は、5W1Hの形で具体的に伝えたほうがいい」
など、部下の心が高まり、腹落ちするフィードバックをするにはどうしたらいいかというコツを、自分なりにつかんでもらいます。

現場での実践練習では、研修でつかんだ評価とフィードバックのコツを職場で試していきます。何人かの部下を選び、実際に仮評価をしたうえで「これは仮のフィードバックだよ」と伝えてからフィードバックの練習をしていきます。

そして、部下から「上司が行ったフィードバック」のフィードバックをもらいます。モチベーションが上がった瞬間や、逆にモチベーションが下がってしまった瞬間を正直に話してもらい、それによりどのような評価とフィードバックをすれば効果的なのかを感覚的につかんでもらいます。また、現場での実践練習を行うことで、「成長支援型人事制度」の職場での理解も進み、制度を受け入れる心の準備ができます。

さらに実践結果の振り返り研修では、再び成長支援者（上司評価者）が集まり、おのおのの現場で実践練習での気づきや部下からのフィードバック内容を共有します。皆で話し合うことで、さらなる気づきを得ることができます。

このような研修と実践の場を繰り返すことによって、徐々に

「部下が成長する姿を見ることはうれしいものだ」

「部下の成長を応援することは、自分が成長することであり、自分の心を豊かにすることでもある」

「やはり、部下の成長は、上司次第だ」

ということを、上司に感じてもらえれば大成功です。

この感覚に少しでも近づいてもらえるよう、時間をかけて根気よく研修と実践を続けます。

ステップ10 制度導入の本番スタート
――制度導入は「初めが肝心」

そして、最後のステップ10です。ようやく本番スタートの日を迎えます。スタートにあたっては、1週間前には朝礼や会議で、実際に使う「成長支援シート」の実物を配って「○月○日から、新しい人事制度である『成長支援型人事制度』が始まります」と知らせます。そして、改めて「この制度は、皆さんの成長を支援し、縁あってこの会社で共に働いている私たちの人生を心豊かにしていくために導入するものです」ということを伝えます。必要であれば、個別に伝えることもあります。一人ひとりに新しい制度を受け入れてもらう気持ちを高めてもらうためです。「初めが肝心」といいますが、これも非常に重要なステップになります。

第6章

自分の成長を自分で感じられる人は少ない

“人が辞めずに育つ人事制度”は「フィードバック」がポイント

人事制度は運用がスタートしてからが本番

人事制度は、よく「構築2割、運用8割」といわれます。どんなに精緻で正しく人事制度を構築したとしても、正しく運用・実践できなかったら、効果が半減するどころか、本来のねらいとはまったく逆の効果をもたらしてしまうこともあります。職場で「成長支援型人事制度」を運用・実践していくうえで重要となるプロセスには、次の4つがあります（図23）。

①日常の部下との「コミュニケーション」
②上司と部下による「成長評価」の実施
③全社での「成長支援評価会議」の実施
④上司から部下への「成長支援フィードバック」

図23　成長支援型人事制度運用・実践の重要プロセス

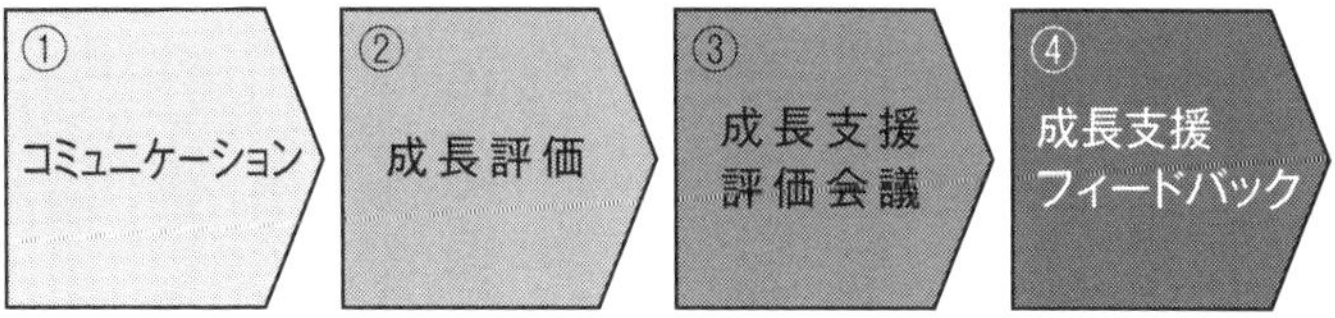

重要プロセス1

日常の部下との「コミュニケーション」
——日常でのコミュニケーションに「成長支援シート」を活用する

まず日常の部下とのコミュニケーションでは、当然のことですが、日頃から部下の表情や行動を気にかけながら、声がけや承認を行います。その際、部下の表情や行動を全体的に見るだけでなく、特に「成長支援シート」にある部下の課題に着目します。つまり、その部下の成長点数を「2」から「3」に、さらには、「3」から「4」に引き上げるための具体的な課題に着目して、その部下がＰＤＣＡを回せるように寄り添うのです。

例えば、「重要業務」の中にある「業務の迅速な問題解決および再発防止」という成長要素に関して、ある部下の成長点数が「2」だったとします。この成長要素の成長点数「2」の成長基準は、「業務で問題が発生した際に、状況把握をして問題解決に向けた行動をとっていた」というものです。

これが、成長点数「3」の成長基準になると「業務で問題が発生した際に、状況把握をして問題解決に向けた行動をとり、再発防止の対策提案を行っていた」となります。

つまり、その部下の成長点数を「2」から「3」に上げるためには、一時的な問題解決だけで終わるのではなく、なぜその問題が発生してしまったのか、同じような問題を起こさないためには何をどうする必要があるか、を考えさせることが必要になります。

例えば「あなたのおかげで問題が解決できたよ。ありがとう」と部下の行動をねぎらい、感謝の気持ちを伝えたうえで「ところで、あの問題はどうして発生してしまったのだろうか。どうすれば再発を抑えることができるだろうか」と問いかけ、「あの問題をあれほど速やかに解決できたのだから、何か気づいたこともあると思う。あなたなりのアイデアでいいから考えてみてくれないかな」と、背中を押してあげます。そうすることで、その部下は、問題が解決できただけでなく、さらに一歩成長できるのです。

また、別の部下の場合、「知識技術」の中にある「商品情報の知識」という成長要素に関して、現状の成長点数が「4」だったとします。

この成長要素の成長点数「4」の成長基準というのは「自社の商品知識に関して特定分野に限らず、商品知識全般について応用的なものも保有していた」というものです。

これが「5」になると「自社の商品知識に関して特定分野に限らず、商品知識全般について応用的なものも保有しており、ほかのメンバーにも情報を共有していた」となります。

この場合は、部下の成長点数を「4」から「5」に上げるためには、自分だけが広い専門知識を保有しているだけでなく、組織全体に自分の専門知識を共有する行動をとることが必要になります。

例えば、日頃のコミュニケーションの中で「あなたの商品情報の知識は、実に幅広いね。どうやってその知識を身に付けたのか、教えてくれないか。できたら、職場の皆とも共有できる機会をつくってほしい」と、その部下が自然と他のメンバーにも情報共有できる場を提案してみます。そうすることで、部下自身が情報共有できる場をつくることができ、部下自身もさらに成長することができるわけです。

このように、それぞれの部下が抱える課題に着目して、日常でのコミュニケーションを通して、部下が成長するためのＰＤＣＡを回せるように寄り添うことで、部下の成長意欲も高まるようになっていくと考えます。

留意ポイント1 「ティーチング」と「コーチング」を使い分ける

重要なのは、上司が手取り足取り部下を指導するのではなく、部下が自分で自主的にＰＤＣＡを回すことができるようにすることです。少し遠巻きに見ながら、見守っていく姿勢で教え過ぎず、部下に自分で考えさせる必要があります。

部下指導には大きく「ティーチング」と「コーチング」という2種類の方法があります。ティーチングとは、自分がもっている手法、知識、技術、経験などを部下に伝えることです。知っている人が知らない人に教える、できる人ができない人に教える、ということです。コーチングとは、上司が答えを教えるのではなく、部下自らが答えを探す行動を起こし、答えを見つけることができるような支援をすることです。質問や問いかけをしながら、部下の自主的な行動を引き出します。上司が直接アドバイスしたり指示したりするのではなく、答えを自分で考えさせるので、課題を解決し、行動を選ぶのは部下自身になります。

このティーチングとコーチングは、どちらがいいというわけではありません。例えば新入社員のように、経験が浅かったり、知識・技術が不足したりしている場合には、教えるべきことは教えなければいけません。質問や問いかけをしても、スカスカの答えしか返ってこない場合も多くあります。その場合は、ティーチング主体で教えることが必要です。

逆に、経験もスキルもある程度もっている部下に対しては、あまり教え過ぎると自分で考えなくなったり、指示待ち部下やイエスマンを養成することになったりしかねないので、コーチング主体で教えることが必要になります。つまりどちらが良い悪いではなく、その時々の部下のレベル・状態によって、部下の力を引き出してあげるべきです。

部下の成長を心から願いつつ、ティーチングとコーチングを行ったり来たりしながら、日常のコミュニケーションを実践します。逆に、少しでも上司が、部下の成長は自分の責任ではないと思ってしまっていると、それが部下にも伝わってしまうため、簡単なようでとても難しいことでもあります。

留意ポイント2 「プラスストローク」のコミュニケーションを心がける

心理学の分野に「ストローク」という言葉があります。ストロークとは、もともとは腕で水をかくこと、球を打つことという意味ですが、心理学ではコミュニケーションによる働きかけのことをいいます。人は相手の何げない一言や表情、態度によって、自分の気持ちが左右されるものです。

このストロークには、「プラス（肯定的）ストローク」と「マイナス（否定的）ストローク」があります。

プラスストロークには、次のようなものがあります。

「相手を認めること」「尊重すること」「褒めること」「たたえること」「感謝すること」「好意を示すこと」「受け入れること」「協力すること」「笑顔で相づちを打つこと」

マイナスストロークには、次のようなものがあります。

「悪口を言うこと」「陰口をたたくこと」「妬むこと」「不平不満を口にすること」「軽蔑

することと」「無視することと」「価値を否定することと」「悪い面をあげつらうこと」

プラスのストロークを受けることで、人は自分の存在が認められている、受け入れられているというポジティブな気持ちになり、仕事のモチベーションが上がります。一方、マイナスのストロークを受けると、自分は認められていない、否定されているという気持ちになり、心が萎縮してしまい、本来の仕事のパフォーマンスを出せなくなります。

ポジティブな気持ちをもち、生き生きと働ける環境でこそ、人は仕事に集中でき、もっと成長したいと思えるようになります。部下の成長を支援するためには、日常のコミュニケーションの中で、プラスのストロークを常に意識しながら部下と接することが大切です。

重要プロセス2 上司と部下による「成長評価」の実施
――部下の成長を心から願い、成長評価を行う

3カ月に1回の上司による成長評価（一次評価）と部下本人による成長評価の実施は、

この間の部下の行動や成果を振り返り、上司と部下本人が「成長支援シート」の成長基準に従って成長点数を付けるプロセスです。上司も部下本人も共に、感覚的に点数を付けるのではなく

- **何と何ができているから「2」で、**
- **何と何ができるようになれば「3」になる。**

というように、具体的な行動に即して客観的に点数を付けていきます。

この成長点数は部下本人にも自己評価をしてもらうわけですが、部下本人が付けた点数と上司が付けた点数にはギャップが出てくることがあります。その場合、1点の違いであれば、この段階ではそのままにします。もし、2点以上の差がある場合には、部下になぜこの点を付けたのかを確認します。その結果、上司の見ていないところでの努力が顕著だったり、上司のもっている情報が足りなかったりした場合は、上司の点数を修正する場合もあります。逆に、部下の理解や認識が不十分だった場合は、話し合ったうえで、部下本人に修正してもらうこともあります。

留意ポイント1 成長点数を付ける際に気をつけるべき人間の心理的傾向

成長点数を付けるのは難しいものです。一般的に、人間の心理的傾向として、評価をするうえで陥りやすい過ちには次のようなことがあります。

【寛大化傾向】
全体的に評価点数が甘くなる傾向。自分の評価に自信がなく、部下から悪く思われたくない、自分の部下は他部門より優秀だという意識が強く働くときに起きやすい。

【厳格化傾向】
全体的に評価点数が厳しくなる傾向。自分の評価に絶対的な自信をもち、自分の現状を基準にしてしまうため、部下はまだまだ自分には及ばないという意識が強く働くときに起きやすい。

【中心化傾向】

評価点数が中心点に集中する傾向。部下に対する日頃からの観察が足りず、評価に自信がない、5点や1点を付けることができず、点数の根拠を聞かれたら困るという意識が働くときに起きやすい。

【論理的錯誤】

断片的な事実をつなぎ合わせて、勝手に拡大解釈する傾向。評価をする対象の部下の行動を思い起こすときに、頭の中に残っている断片的な事実について、自分勝手な理屈をつけて拡大解釈をしてしまいがちで、評価をするための事実が不足しているときに起きやすい。

【ハロー効果】

一つの事実に対する評価が、他の評価にも影響する傾向。例えば、企画が得意（不得意）だから、実行するのも得意（不得意）だろうと思ってしまうような意識のときに起きやすい。

【近接誤差】

直近の出来事が印象に残り、評価期間全体の評価が正しくなされない傾向。部下の行動や実績に関するメモを残していない、評価の際に事実が整理できていないなど、評価をするための情報が少なすぎる（部下の能力を把握していない）ときに起きやすい。

このような過ちの傾向があることを十分に理解・認識しながら、部下の実際の行動を思い起こし、できる限り客観的に成長点数を付けます。あくまでも目的は、部下の成長を心から願うことです。公平で公正な評価をすることは重要なことですが、正確な点数を付けることだけに集中してしまうあまり、本来の目的を忘れないようにしたいものです。

留意ポイント2 最初に会社の評価基準の考え方を理解してもらう

私が人事制度の運用支援をしている企業に対しては、人事制度導入直後の1回目と2回目の成長評価の際に、部下本人の自己評価は行わず、上司のみの評価にするようお願いしています。その理由は、最初は会社としての評価基準の考え方（会社の物差し）を部下に理解してもらう必要があるからです。「こういう行動だと『2』になってしまうよ。こういう行動ができると『3』になるよ」ということを、本人に腹落ちしてもらうためです。その後、3回目からは、本人評価を加えることにしています。会社としての考え方や理念を伝えることも、このプロセスで必要なことになります。

重要プロセス3 全社での「成長支援評価会議」の実施
──「成長支援評価会議」は、部下の成長を願うと同時に上司の成長を促す場でもある

続いて「成長支援評価会議」を実施します。「成長支援評価会議」というのは、一般的な人事評価制度では、評価協議会や評価調整会議などといわれます。しかし、「成長支援型人事制度」の根底にある目的は、社員の定着と成長を促すことです。どれだけ精緻で正しい評価をして、それを賃金に反映させたところで、それだけでは「ここで働きたい！ここでもっと成長したい！」と思うようにはなりません。

重要なことは評価をすることではなく、成長支援をすることです。そのため、私は評価協議会や評価調整会議ではなく、「成長支援評価会議」と名付けています。「成長支援評価会議」は3カ月ごとに1回行われます。そこでは一次評価者（成長支援者＝上司）である経営者と役員、各部門の部課長クラスが集まり、部下一人ひとりの成長点数のすり合わせを行います。

この会議では、各自の成長点数の評価一覧表が配布され、縦軸に部下一人ひとりの名前、横軸に成長要素項目ごとの本人評価と上司評価の成長点数が記載されています。これに基づいて、一人ひとりの最終的な成長点数を決めていくのです。

この「成長支援評価会議」は、単なる部下一人ひとりの点数のすり合わせを行うだけの場でなく、部下一人ひとりの成長支援方法を上司である評価者からも発表してもらいます。

例えば、ある部下の成長点数が、まだ「3」のレベルには達しておらず「2」を付けた場合には

「○○さんは、こういう面ができていないので『2』にします」

で終わらせるのではなく
「今の『2』のレベルを『3』にもっていくために、次の3カ月ではこういう視点でこのような支援をしていきます」

ということを上司から発表してもらうのです。ほかの上司の支援方法を聞くことで、

「なるほど、そういう支援・育成方法もあるなら、自分も次はそれに取り組んでみよう」

という気づきを得ることもできます。つまり、この場は優れた支援方法も共有することで、上司自身の成長の場にもなるのです。


また、成長点数のすり合わせの場面では、どうしても点数のバラツキが出てしまったり、どの点数にするか迷ったりしてしまい、評価者同士で意見が合わない場合もあります。そのようなときには、経営者である社長の価値観・考え方を基準にすることが必要になります。

実際にあった出来事です。皆さんなら次の事例（「勤務態度の規律性」という成長要素

の評価）に何点を付けるでしょうか。

「とある食品スーパーのベテラン社員のAさんが、ある日何を思ったのか、頭髪を金髪にしてきました。金髪は会社で禁止されているため、上司はこれを注意して、その日はバックヤードで仕事をさせました。そして、Aさんは翌日黒髪に戻してきました。3カ月のうちの、たった1日だけの出来事です（ちなみに、Aさんの普段の「規律性」の評価は3点です）」

この出来事に対して、Aさんの上司はたった1日だけですが厳しく「2」の評価としました。しかし、社長は「それはうちの理念に合っているのか？　その日に初めて来店されたお客様にとっては、その日がすべてなんだ。うちの経営理念は一期一会なんだよ」と言い、最終的な評価を「1」としました。社長は、経営者の価値観である「お客様に対する一期一会」という経営理念で判断をしたのです。

3カ月のうち、たった1日だけのことであり、普段は「3」のレベルでやっているのなら「3」でよいのではないか、という意見もあるかもしれません。しかし、その内容が会社の価値観や経営理念に関わることであれば、社長の考え方を前面に出すべきなのです。この会社の社長の価値観によって「1」と判断したわけです。

このように、「成長支援評価会議」は、一人ひとりを評価する場であると同時に、経営者としての価値観や考え方を、部課長クラスに伝え、理解してもらう場でもあるのです。

「成長支援評価会議」というのは、表向きは評価のすり合わせ会議ではありますが、実は会社の理念や価値観を伝える場でもあり、そのことにより、上司である部課長の成長を促す場でもあるのです。

留意ポイント1　成長点数の決定は、個人ごとではなく成長要素項目ごとに行う

「成長支援評価会議」で各自の成長点数の調整・決定を行う際の進め方として、工夫していることがあります。それは、個人ごとに各成長要素の点数を見ていくのではなく、成長要素項目ごとに各自の点数を見ていくことです。

つまり、Aさんの各成長要素の点数をすべて決定してから、Bさん、Cさん、Dさん……と見ていくのではなく、一つの成長要素項目について、Aさん、Bさん、Cさん、Dさん……と見て、それで全員分の点数を調整・決定し終わったら、次の成長要素項目についてAさん、Bさん、Cさん、Dさん……と繰り返していきます。一つの成長要素項目にフォーカスしながら個人ごとの成長点数を見ていくのです。そのほうが、成長要素項目ごとに相対的な見方ができ、点数のブレも少なくなります。そして、全員分の全項目の点数を調整・決定し終わったら、全体のバラツキや偏りがないかどうかを確認し、必要があれば再調整を行います。

この「成長支援評価会議」は、一つの成長要素項目ごとに全員分の点数を慎重に決めていく場ですので、かなりの時間がかかります。実際、50~100人くらいの会社の場合、丸一日はかかります。それ以上の規模になると、2~3日に分けて行う場合もあります。

重要プロセス4

上司から部下への「成長支援フィードバック」
――「ここで働きたい！ ここでもっと成長したい！」と思えるフィードバックの極意

「成長支援評価会議」で一人ひとりの部下の成長点数が決まりました。次は、その結果を部下にフィードバックするプロセスに入ります。

ここでは、「成長評価フィードバックシート」を使います（図24）。

この成長評価フィードバックでは、「成長支援評価会議」で決定した本人の成長点数を伝えたうえで、どういうところを頑張ったからその点数になったのか（あるいは、どういうところの頑張りが不足していたからその点数になったのか）、また、もし部下本人が自分で付けた点数とのギャップがある場合にはその原因や理由の深掘りをします。そして、次回（3カ月後）に向けての改善課題の検討、具体的な改善行動計画の作成などをじっくりと話し合います。

このときも、重要なことは、部下に単に結果の点数を伝えてその結果に納得してもらう

図24　成長評価フィードバックシート（例）

成長要素		成長点数		上司からの成長アドバイス	部下からの改善行動計画（次の3カ月間の具体的取組内容）
		本人	会社		
期待成果					
重要業務					
知識技術					
勤務態度					

新・人事制度研究会　人事制度構築テキスト（著者一部加筆）

ことではなく、部下の成長意欲を高め、部下に「ここで働きたい！　ここでもっと成長したい！」という気持ちになってもらうことです。「部下の成長は上司次第」と信じ、部下の成長を心から願う気持ちが絶対に必要であることを忘れないでください。

フィードバックは、決して単なるテクニックではありません。部下の成長を心から願う気持ちが大前提ですが、そのうえで、部下の成長を促すためには、いくつかの注意があります。

フィードバックの極意1

できているところ、頑張ったところからフィードバックする

フィードバックをする際、「成長評価フィードバックシート」の上から順番にフィードバックするのではなく、できているところ、優れているところ、頑張っているところからフィードバックします。「あなたはこういうところで頑張っているよね。それは私も素晴らしいと思う」と、日頃の行動や努力を承認するところから始めます。できていないところ、悪いところからフィードバックしてしまうと、その瞬間に、部下の心が閉じてしまい、聞く耳をもたなくなってしまうからです。

フィードバックの極意2

結果よりもプロセス（過程）を褒めて、望ましい結果の再現性を高める

結果を褒めること自体は、本人にとってもうれしいことであり、決して悪いことではないのですが、それだけでは、本人はその場で喜んで満足するだけで終わってしまいます。

重要なことは、良い行動があったらそれを持続させ、望ましい結果の再現性を高めること

です。そのため「何がどうだった」という結果を褒めるのではなく「あなたのどういう行動が、この結果につながったのか」というプロセス（過程）にフォーカスして褒めることが重要になります。プロセスを褒めることで、良い行動＝成功する行動の再現性が高まり、望ましい結果が出やすくなります。上司は、部下が次も望ましい結果が出せるように、成功する行動の持続性・再現性を高めなければなりませんから、一度できたプロセスを本人の意識の中で上書きして、幾重にもなぞってあげるのです。これにより部下は正しい行動を習慣化させることができ、望ましい結果が出る成功の再現性を高めることができるようになるのです。

フィードバックの極意3　具体的なシーンや場面を示しながら褒める

行動を褒める場合には、できるだけ具体的なシーンや場面を示しながら褒めることが効果的です。部下が、自分自身が頑張っている姿を思い出せるように、例えば、「今回のプロジェクトが成功したのは、君のあのときのあの行動が重要だったんだ。君も良い表情をしていた。私もそれを見て、素晴らしいと思った」などと、できるだけ具体的な状況や情景が浮かぶようなフィードバックをします。そのためには、上司は日頃から部下の行動や表情を気にかけて、しっかりと見ておく必要があります。

フィードバックの極意4 改善のゴールは示すが、プロセスは本人に考えさせる

改善課題の提示と検討の際には「今回の成長点数は『3』だけど、次の3カ月間で、もう少しこの部分がこのようにできたら『4』になれるよ」という改善点を具体的に示します。例えば、「設備管理の通常業務は完璧にできていて、素晴らしい成長だと思います。今後はさらに『4』を目指していきましょう。そのためには、生産規模の拡大に対応するための設備管理に関する改善提案を月1件以上出してみてください」というように、具体的なゴールとある程度の道筋を示します。しかし、次の3カ月後のゴールに到達するには実際にどうすればいいか、どのような提案をするか、どうすれば提案のアイデアが思い浮かぶかなどは、部下自身に考えてもらいます。

山の頂上は示すが、そこまでどのようにして登るかは本人に考えてもらう、ということです。

フィードバックの極意5

改善行動は「小さな変化」に置き換え、習慣化させる

次の3カ月に向けて、部下が実際に改善行動を起こすためには、部下の改善意欲を高めなければなりません。何もしないと、フィードバックの際には、改善のゴールを確認して「はい、分かりました。頑張ります」とめでたく終わったとしても、3カ月後に「すみません。忙しくてできませんでした」「やろうやろうとは思っていたのですが、ついつい後回しになってしまいました」ということになりがちです。

上司としては、「約束したはずなのに、なんということだ!」と怒り心頭になるかもしれませんが、しかし、それは上司にも責任があるのです。

私は、中小企業の現場で、改善行動のフィードバックを行う上司たちには、次の6つの点をフィードバックの場で必ず部下と確認・共有してもらうように伝えています。

①何をやるのか
②いつから始めるのか

③やることの難易度（レベル感）はどの程度を目指すのか
④どうやってやるのか
⑤いつまでにやるのか（これには、中間報告の時期も含めます）
⑥それらの全体的なスケジュールはどうか

3カ月間丸投げで任せっぱなしでは、結局、蓋を開けたら「すみません。忙しくて何もできていません」ということが当たり前に起こってしまいます。そうならないように、部下とこの6つの点を共有することで、改善行動を大きな変化から小さな変化にして習慣化させる必要があります。

また、ここまで具体化すれば、自分ができたときのゴールをイメージして日々行動することができるようになり、ゴールをイメージすることは、モチベーションのアップにもつながります。

フィードバックの極意6 降格時のフィードバックでは「一緒に頑張ろう」と伝える

成果がなかなか上がらない部下や、降級・降格する部下に対してフィードバックを行うこともあります。私は本来、降級・降格という仕組みは「そうさせないために、部下をどう支援するか」ということを、上司に考えてもらうためにあるものだと考えています。上司としては、部下が降級・降格になりそうだったら、そうならないように日常のコミュニケーションの中で、しっかりと指導やフォローをする必要があります。

しかし、どうしても降級・降格せざるを得ない場合のフィードバックにおいては、その理由を伝えるだけでなく、

「次の3カ月後の成長支援評価の際には、絶対にあなたがこの点数のままにならないように、私はこういう支援をするよ。だから、一緒に頑張っていこう」

と伝えます。降級・降格という事実を伝えることよりも、どうすれば今後昇級・昇格できるのかを具体的に伝え、そして、それを自分が強力に支援・バックアップするから一緒に頑張ろう、と伝えることが、このときの重要なフィードバックになるのです。

「成長支援型人事制度」が本格的に動き出すとき

ここまで説明してきた「成長支援型人事制度」は、時間をかけて取り組むものであり、短期間で一気に成果が出るものではありません。即効薬ではなく、漢方薬です。本当の効果が出るまでに2年、3年とかかることもあります。ときには、成長支援者である上司も、なかなか部下の目立った成長が確認できず、迷ったり焦ったりしてしまいます。

そんなとき、私は、経営者から部下をもつ上司へ、次のようなことを伝えてもらっています。

「皆さん、この成長支援制度を進めてくれてありがとう。もしかしたら、皆さんは、部下を1mも2mも成長させないといけないと思っているかもしれませんが、私から見たら、全員、確実に1㎝は成長させていると思います。皆さんが思う100分の1、200分の1かもしれませんが、この1㎝がとても重要なのです。本当にありがとう」

この話をするとき、社長自身は自分の部下である幹部社員の部課長の成長を心から願う気持ちになっています。組織風土や文化というものは、上から浸透していくものです。そして、成長支援者である部課長たちも

「忙しい中でかなわんけど、やってみるとまんざらでもないな」

という感覚が半年から1年ぐらいで出始め、ようやく、この人事制度が本格的に動き出すのです。

第7章

社員のエンゲージメントが高まり
定着率アップ

“人が辞めずに育つ人事制度” 5つの成功事例

事例1 「感謝の言葉」で自己重要感が高まり、離職率が大幅改善

企業概要：R社、宿泊・飲食業（飲食店併設のホテル業）、社員数86名

導入前の問題点：職場のコミュニケーションに感謝や承認が少なく、社員が定着せず、入社1年以内離職率が5割。採用がうまくいかず、内定辞退率が7割。幹部社員が自ら動かず、指示待ちが多い。

最初は、宿泊・飲食業で社員の離職に悩む中小企業の事例です。宿泊・飲食業の離職率は、全業種の中でもかなり高い水準にあります。厚生労働省の雇用動向調査結果などによると、全業種での離職率が1〜2割程度なのに対し、宿泊・飲食業は2〜3割と倍近い水準になっています。しかも、新規学卒者の3年以内離職率になると6〜7割にもなり、中小企業ではさらに高くなります。

宿泊・飲食業の離職率が高い理由としては、ホテルや飲食店は労働集約的な（人間の労

働力への依存度が高い）業務のため、「労働時間が長い」「休日が取りにくい」「深夜勤務がある」「給与水準が低い」などといった厳しい労働条件の問題があります。そのほかにも、シフト勤務が多く職場の意思疎通が難しい、などの問題もあります。

R社の場合、人材不足の中で、入社1年以内離職率が5割、3年以内離職率が7割で、業界水準を超え、内定辞退率も7割と高く「なかなか人が採用できない。採用できてもすぐに辞めてしまう」という悪循環に陥っていました。

一方、コロナ禍が一段落し、インバウンド旅行者も増加する中で、宿泊業・飲食サービス業の需要は確実に伸びてきています。社長は「なんとかしなければ、このままでは事業が継続できなくなってしまう」と焦っていましたが、何をどうすればよいか分からず、思い悩むことが続いていました。

実践1 辞めていく根本原因は「承認の少なさ」

こうした状況の中で、「成長支援型人事制度」の導入が始まりました。まずは社員の定着率を高め、さらには、社員の自主的な動きが活性化することを当面の目標にしました。

私と社長が最初に取り組んだのは、根本原因の究明です。人が辞めていくというのはあくまでも表面的な現象ですから、その現象がなぜ起こっているかの原因を究明する必要があります。

そこで、幹部クラスのメンバーにも集まってもらい、職場の根本的な問題は何かについて話し合ってもらいました。現場のスタッフにもヒアリングを行いました。その結果、いちばんの原因は「感謝や承認の少なさなのではないか」ということになりました。

どういうことかというと、ホテルの部屋の清掃やベッドメイキングをする社員の場合、仕事をするのはお客様がいなくなってからですから、お客様から直接「おはようございます」や「ありがとう」と言われる機会がほとんどありません。また、部屋はきれいになっていて当たり前で、少しでもゴミが残っていたり備品が足りなかったりすると、お客様からクレームが入ります。できていて当たり前で、少しでもできていなければ95点でも叱られるのです。

実践2　社長自らが率先垂範で、社員に感謝の気持ちを伝える

そこで、まず始めたのが、社長自身が先頭に立って日常のコミュニケーションの中で社員に笑顔で声をかけ、感謝の気持ちを伝えることでした。

例えば、フロントのスタッフには「不規則で大変な仕事だけれど、いつもよくやってくれているね。ありがとう」と声をかけたり、清掃のスタッフには、「フロントでお客さんが『部屋がきれいで気持ち良かった』とお礼を言ってくれていたよ」とお客様の声を伝えたりしました。プラスストロークのコミュニケーションにより、社員に「自分が人の役に立っている」「感謝されている」という気持ちをもってもらい、「自己重要感」を高めてもらうことができるようにしたのです。

社長が率先垂範することで、だんだんと幹部社員の行動も変化してきました。私が現場で見ていても、幹部社員からの声がけや挨拶が見られ、プラスストロークのコミュニケー

ションが確実に増えました。

このとき、社長が幹部社員に「そういうことだから、まずは、君たちが職場に戻って挨拶を実践してみてくれ」と言っていたとしたら、この改善はうまくいっていなかったと思います。上司である社長が「挨拶しろ」と言っても、部下は「なんだ、自分は挨拶していないじゃないか。自分から挨拶しない社長に『挨拶しろ』と言われても、やる気は起きないよ」としらけてしまうからです。

部下に何かをしてもらいたいときには、まず上司から始める必要があります。特に社員数の少ない中小企業の場合は、何をするにも社長の率先垂範がとても大切です。この事例でも、社長が実践することで幹部社員に伝わり、それが社員一人ひとりにも浸透し、会社全体に広がっていったのです。

実践3 成長評価フィードバックの場を、感謝の気持ちを伝える場に

この事例では、「成長支援シート」の「勤務態度」の中に「相手に伝わる挨拶」という

成長要素を加え、他の項目よりもウェイトを高くしました。そして「気持ちの良い挨拶ができている」だけでなく、それが「他の社員の模範になったり、周りに良い影響を与えたりしている」場合には、成長点数をより高くすることにしました。それは、一般社員だけでなく幹部社員も同様です。

また、成長評価フィードバックの場は、問題点を指摘して改善させるだけの場ではなく、上司から部下に対して、

●感謝の気持ちを伝える場
●日頃の行動を承認する場
●良いところを伸ばして、成長を支援する場

とすることを徹底しました。それは社長から幹部社員への成長評価フィードバックの場においても同様です。幹部社員に褒められること、認められることの大切さを実際に体感してもらうことで、幹部社員から一般社員にも伝わっていくことを重視したからです。中小企業の場合、職場の風土づくりはすべて上から変えていくのです。その逆はありません。

実践4 採用面接時に「成長支援シート」で成長の道筋を説明

内定辞退率が7割という問題に対しては、採用面接時に「成長支援シート」を用いて、社員に対する考え方と仕組みを説明しました。具体的には、採用の最終面接で「成長支援シート」を実際に見てもらい「うちの会社は、規模や知名度、賃金でのインセンティブはないかもしれないけれど、あなたの成長を心から支援し、あなたの心を豊かにしていく仕組みがある」ということを強調して伝えました。

通常、採用面接では、この会社で自分がどのような仕事（仕事内容）をどのような条件（労働条件）でするのかということばかりを説明すると思いますが、自分がどのようにこの会社で成長でき、どのように世の中に貢献できるのかも伝えるようにしたのです。

成果 「感謝・承認」の職場風土が醸成され、離職率が大幅に改善

社長の率先垂範の下、幹部社員を巻き込みながらプロジェクトを推進した結果、制度導入後の半年で幹部社員の意識やスタンスが大きく変わりました。1年後には自部門の成長

支援計画を自主的に立てるようになりました。実際、幹部社員からは
「日常のコミュニケーションが活発化し、職場の笑顔が増えた」

「何げない感謝や承認の言葉が、自然と出るようになった」

「部下の成長と自分の成長を、同じように喜べるようになった」

という声があがるようになり、職場全体に「感謝・承認」の風土が確実に醸成されてきたのです。


その結果、「成長支援型人事制度」導入から2年で、離職率が5割から約1割へと、大きく改善されたのです。また、内定辞退率についても、採用面接で自社の人の成長に対する考え方を伝えたことで、7割から約2割へと大きく改善したのです。

【事例1の成功ポイント】

● 社長自らが率先垂範して、プラスストロークのコミュニケーションを実施したこと
● 日常から感謝や承認の言葉を伝えることを習慣化し「自分が人の役に立っている」という自己重要感を高めるようにしたこと
● 幹部社員が「部下の成長と自分の成長を共に喜べる」意識に変わったこと

事例2

「成長支援シート」を社長の分身として、会社のパーパスの明確化・浸透に活用

企業概要：M社、医療機器製造業、社員数68名

導入前の問題点：社員の仕事が少数精鋭・個人商店化しており、社長として適切な評価ができない。社員としても、自分が何をどう頑張れば、どのように賃金に反映されるのか分からず、評価と賃金に不信感をもっている。

次は、ある医療機器製造業の中小企業の事例です。

医療機器の製造にあたっては、機械や設計に関する専門知識だけでなく、医療現場の現状や最先端の医療技術に関する高度な知識と幅広い知見が求められます。製造現場では、それらの知識・知見に加えて、製造加工の現場では高い精密さが求められるため、熟練工による手作業も必要とされます。

そのため、この会社では理工系の大学院出身者も在籍し、高度な技術と最先端の専門知識をもっている社員が多くいました。自分の得意分野における知識や技術に対するプライドが高い社員が多いわけですから、職場が少数精鋭・個人商店化する傾向がありました。結果として、社員も「お互いに何をやっているのか分からない」、社長も「社員が何をやっているのか分からない」という状況が発生していたのです。

そうした中で、社長としては「社員を評価するといっても、何をどう評価すればよいのか分からない」という不安を感じていました。また、社員たちも「自分たちがやっていることをしっかり理解してもらっていないのに、どうしてまともな評価ができるのか」という不満や不信感をもっていました。

実践1　自社のパーパス（理念・価値観）を明確化

こうした状況の中で、「成長支援型人事制度」の導入が始まりました。私が社長とまず行ったことは、会社と社員の「パーパス」を明確にすることでした。パーパスとは、

●うちの会社は何のために存在しているのか
●うちの事業はどのように世の中の役に立っているのか
●社員一人ひとりの仕事は、どのような人のどのようなことに貢献できているのか

といった根源的な問いかけです。

評価に自信がないということは、その前提となる会社のパーパスが明確になっていないからではないかと考えたからです。

ここでは、私が社長に一対一でインタビューしながら、会社の原点に立ち戻って、

●そもそも、どうしてこの会社をつくったのか
●自分はいったいこの会社で、何を残したいのか
●自分たちは、何のために事業をやっているのか
●自社の製品やサービスは、どういうところで人々の役に立っているのか

ということを、何回も何回も、あるときは1週間2週間と日を置いて、じっくり耳を傾けました。

インタビューするたびに社長の思いや価値観がブレることもありましたが、それだけさ

まざまな思いを深くもたれているわけですから、ここには時間をかけました。そうしていくうちに、だんだんとブレがなくなり、思いや考え方が収斂《しゅうれん》されていきました。そして、会社としてのパーパスが完成しました。

実践2　自社のパーパスに基づき「成長支援シート」を作成

次に行ったことは、そのパーパスに基づいて「成長支援シート」を作成することでした。具体的には、まず、そのパーパスを実現するためには、会社としてどの程度の利益が必要で、そのためには一人ひとりの社員にどういう成果が求められるのかを具体的に定量化しました。そのうえで、その成果を上げるためにはどういう行動が必要で、その行動を支えるためにはどういうスキルや仕事に対する姿勢が求められるか、ということを棚卸しし、この棚卸しによって、何をどのように評価すれば、自社のパーパスの実現につながるのかという評価軸を見えるようにしました。

そして、これを社員一人ひとりの「個人のパーパス」と紐づけるようにしました。社員一人ひとりが、自分がもっている技術や専門知識をどう活用すれば会社が成長するのかを考えることで、自分たちの仕事がいかに世の中の役に立っているかが分かりました。そして、自分たちの仕事は人の命を助ける誇りある仕事であり、自分たちがやらなかったらどこの会社がやるんだという、社員一人ひとりの活力・成長意欲につなげることができました。

そして、社長、幹部社員とともに時間をかけて「成長支援シート」を作成し、全社員に事前に公開・共有していきました。

経営者としては、何をどう評価すればよいのか、ということに自信がもてるようになり、また、社員としては、なぜ自分はこの仕事をしているのか、何をどう頑張ればどう評価してもらえるのか、が明確になり、社員の評価に対する不満・不信感がほとんどなくなりました。

成果　パーパスに基づく「成長支援シート」で、成長の評価軸が明確化

この事例では「成長支援シート」を会社の経営理念、経営者の価値観の浸透に活用して

います。「成長支援シート」をいわば経営者の〝分身〟にするイメージで作成・活用しているのです。その結果、経営者として評価への迷いがなくなり、経営にも自信がつきました。また、社員にとっても自分自身の役割や成長の方向性が明確になり、評価に対する苦情や不満もほとんど出なくなり、仕事に対しても前向きな発言が多くなりました。また、会社の業績もこの「成長支援シート」を活用した「成長支援評価制度」導入後1年半で大きく向上しました。

【事例2の成功ポイント】

- 会社のパーパス（経営理念、経営者の価値観）を、時間をかけて明確にしたこと
- そのパーパスに基づいて全幹部で「成長支援シート」を作成し、社員にとって何が大切で、どう行動してほしいかという成長評価軸を事前に公開・共有したこと
- 会社のパーパスと個人のパーパスを紐づけしたこと
- パーパスの明確化・浸透のために「成長支援シート」を社長の分身として活用したこと

事例3

社長の率先垂範の行動が社員の意識を変え、笑顔のコミュニケーションが活性化

企業概要：Ｅ社、金属製品製造業、社員数１８３名

導入前の問題点：社員同士の連携やコミュニケーションがうまくとれておらず、職場に笑顔が少なかった。業務トラブルが多く発生し、お客様からのクレームが増えていた。社長が自分の考えや望むことを、社員にうまく伝えることができないでいた。

金属製品製造業とは、鉄鋼や非鉄金属などの金属を加工して、最終製品を製造する業種です。独自の製造技術をもつ企業が多く、熟練した腕をもつベテラン職人が多いのが特徴です。機械相手の一人作業が多く、社員同士の連携や情報共有、コミュニケーションの向上が課題とされています。

E社においても、社員同士の横の連携、情報共有、意思疎通がうまくとれていませんでした。我が道を行く職人が多く、自分の仕事は自分の仕事、他人の仕事は他人の仕事、と割り切り「どうして他の社員を自分が助けないといけないんだ」という冷めた職場風土だったのです。一人ひとりがバラバラで、前工程や後工程のことはあまり考慮に入れずに自分のペースで仕事をするため、仕事の流れが分断されてしまい、業務上のトラブルがたびたび起こり、お客様からのクレームにもつながっていました。

しかも、業務上のトラブルが起きると「お前のところが悪い。お前の工程の段取りが悪いから、自分の工程にモノがこないんだ」とお互いに非難をし合い、感情のトラブルにつながる光景もよく見られました。本来であれば、製造業は、前後の工程を連携し合い、情報共有をしながら一つの製品を作っていかなければいけないのですが、それがうまくいっていない状況が散見されたのです。

そうした状況は社長も分かっており、なんらかの手を打たなければいけないと考えてはいたのですが、何をすればよいか分からず、また社員からの反発を恐れて、自分の本音をなかなか言い出せずにいました。「社長は製品づくりの細かいところは分かっていないじゃないですか。分かっていない社長が無責任なことは言わないでください」と言われかねない状況だったのです。

実践1 社長の本音の思いを、社員に直接語りかける

こうした状況の中で「成長支援型人事制度」の導入が始まりました。最初は、外部のコンサルタントである私に対する現場からの反発も多く、「製品のつくり方をまったく分かっていないやつが、何を偉そうに言っているんだ」「お前の言うことなんて聞けない」という声が伝わってきました。

人間というのは「今までと同じやり方をしたい」「今までのやり方を変えたくない」という本能「心理的ホメオスタシス＝心の恒常性」があるわけです。ですから、現場の社員から反発が出るのは当然であって、それをいちいち恐れる必要はまったくないわけです。

私は社長と話し合い、今回、新しい人事制度を導入する最大の目的は「社員同士がお互いの工程に気を配り、お互いに力を合わせて、一つの会社としてお客様に対して素晴らし

い製品を提供できるようになること」であり、「そのためには、業務連携や情報共有を向上させ、社員同士の笑顔のコミュニケーションを増やすことが絶対に必要である」ということを確認しました。そして「まずはそこから始めましょう」ということになりました。

そこで、最初にそのことを社長から全社員に対して、本音の言葉で直接語りかけてもらうことにしたのです。

「今の会社の状況を見ると、皆さん同士の情報共有やコミュニケーションがうまくとれておらず、お互いにいがみ合っているところもあるように思えます。また、私に対して『余計なことを言うな』という声があるのも知っています。その結果、製品のトラブルが発生し、お客様からのクレームが頻発している状況です。……私は、こんな会社はもう嫌です。もしこれからもそんな会社のままなのであれば、この会社を潰してもよいと思っています」

「本来、物づくりの会社というのは、お互いが協力し合い、皆で一つの製品をつくっていくものだと思います。そして、お互いに認め合い、感謝し合い、皆がこの職場で働くことに喜びを感じられる、そして、もっと成長したいと思えるような、そんな会社にしていきたいと思っています。皆さんと一緒に、そういう会社にしていきたいと思っているんです」

と、覚悟の思いを語ってもらいました。

実践2 社長の率先垂範の行動で、社員の意識が変わる

社長の覚悟はそれだけでは終わりませんでした。自らのコミュニケーションアプローチがすべての出発点になると考えた社長は、言葉で伝えるだけでなく、自分自身の行動で示したのです。

具体的には、社長自ら毎日現場に出て、社員に笑顔で声をかけて歩きました。そして、社員別に何回声をかけたかを記録し、できるだけ回数を増やすと同時に、声がけをした社員に偏りがないかどうかを自ら確認して、偏りをなくすこともしたのです。

最初は半信半疑でいた社員たちも、社長の本気度が伝わり、少しずつ職場のコミュニケーションも活発になっていきました。最初は「社長がうるさく言うから、とりあえずや

るか」と言っていた社員たちも、時間が経つうちに感謝や協力することの喜びを感じ、また、他者から承認されることで自分の仕事の重要性を改めて感じるようになりました。

実践3 「成長支援シート」で「連携」と「協調性」を強調し、習慣化

成長支援シートにも工夫を加えました。具体的には、重要業務の中に「部門内・部門間連携」という成長要素を設定し、また、勤務態度の中に「協調性」という成長要素を設定して、これらのウェイトをほかの成長要素より高くしました。それを3カ月に1回、成長評価フィードバックの場で確認・強調することで、部門内・部門間連携や協調性が徐々に改善されていきました。

また、コミュニケーション向上の結果として、製品の良品率・生産性の向上が図られることが重要と考え、期待成果の中に、人時《にんじ》生産性を組み込むことで、お客様からのクレームの減少と残業時間の削減をねらったのです。

成果　社員全員のコミュニケーションが活性化し、良品率が向上

これらの取り組みの結果、会社全体の情報共有や業務連携、コミュニケーションが向上し、社員がお互いを気にかける意識が習慣化され、職場での意思疎通不足によるトラブルが激減しました。そして、職場には、格段に笑顔が増えたのです。

また、製品の良品率も向上し、お客様からのクレームも確実に減りました。導入してから1年後には、売上が順調に伸びたにもかかわらず、残業時間が減り、想定を超えた高い生産性の向上を実現することができました。

【事例3の成功ポイント】

- 社長が自らの思いを本気で社員に語りかけたこと
- 社長がコミュニケーションの重要性を自覚し、自ら率先垂範でコミュニケーション促進のための行動を実践したこと
- 「成長支援シート」を活用し、成長評価フィードバックを通して、社員同士の連携を促進し習慣化させたこと

事例4 個人商店化していたベテラン社員を巻き込み、業務の標準化と生産性の向上を実現

企業概要：I社、産業廃棄物処理・リサイクル業、社員数54名

導入前の問題点：ベテランの年配社員が多く、仕事が個人商店化しており、お互いの連携の悪さから会社全体の生産性が上がらない。また、ベテラン社員に辞められては困るので、社長が自分の考えや思いを率直に伝えることができない。

産業廃棄物処理・リサイクル業とは、建設現場や工場などの事業活動に伴って生じた廃棄物を収集・運搬し、処理・リサイクルする業種です。産業廃棄物は、法令で定められており、それらを収集車で回収し、処理場に運搬します。また、その廃棄物の中から再生や再利用が可能なものを選別・仕分けし、可能なものはリサイクルをして再資源化します。

地球環境の保全や循環型社会の実現が叫ばれる中、社会的に、誰かがやらないといけないとても重要な役割を担っているのです。

しかしながら、実際には、重量物や粉塵《ふんじん》、騒音などと闘う現場で、採用はもちろんのこと、定着してもらうのも難しい業種です。その一方で、「この仕事は、誰かがやらないといけない仕事なのだから」と我慢強く働き続けるベテラン社員もいます。

I社においても、同様の状況でした。現在働いている社員は、ベテラン社員が中心で我慢強く働いてくれるのですが、それぞれが自分なりの仕事の型をもっており、効率が悪くても自分のやり方を変えようとはしません。また、一人ひとりの仕事が個人商店化しており、お互いに連携したり教え合ったりすることもあまりありませんでした。

そのため、会社全体の生産性も高くなく、利益も伸び悩んでいました。賃金も低く抑えざるを得ない状況が続き、社員からは不満も出ていました。

社長としては、もっと効率的で効果的なやり方があることは分かっていましたが、せっかく一生懸命働いて会社に残ってくれているベテラン社員に口出しすることができませんでした。それは、へたに口を出して辞められては困るという気持ちがあったからです。

しかし、このままでは、会社の生産性は上がらず、利益も確保できません。賃金も増やすことはできず、社員の不満もたまったままの悪循環です。社長は、なんとかしなければいけないと、危機感をもち続けていました。

実践1 制度導入にあたり、社長の本音を社員に直接語ってもらう

こうした状況の中で、「成長支援型人事制度」の導入が始まりました。目標は、「社長が、経営者としての思いや考えをストレートに伝え、個人商店化しているベテラン社員の仕事のやり方を見直して生産性を上げること。そして、一人当たりの粗利を増やして会社全体の利益を伸ばし、社員の給与や賞与に対する不満をなくすこと」でした。そのためには、ベテラン社員を巻き込み、彼らにその気になってもらう必要があります。

そこで、制度の導入にあたって、社長からベテラン社員に対して、

「私は皆さんの給与や賞与をもっと増やしていきたいと思っています。しかし、今と同じやり方をしていては給与も賞与も高くはなりません。今までのやり方を変えて、もっと生産性の高いやり方にする必要があります」

「今回の施策を自分の給与を上げるための施策としてとらえ、自分の問題として積極的に取り組んでください」

と、本音の思いを直接伝えてもらいました。

実践2　個々人の仕事を分解・定量化し、目標数字を成長要素にする

最初に取り組んだのは、個人商店化している社員個々人の業務を棚卸しして、推進方法を分解して定量化することでした。

具体的には、個人ごとの業務の人時《にんじ》生産性を算出し、社員間で比較し、業界標準との比較も行うことで自分の仕事を客観的にとらえる機会をつくったのです。そして、それが悪い場合は、どのように見直していけばよいかを、全員で考える時間を定期的にもちました。そして、この人時《にんじ》生産性を、「成長支援シート」の「期待成果」の最重要な成長要素

と位置づけ、3カ月に1回の成長評価フィードバックで定期的に確認・改善することにしたのです。

実践3　「チームの生産性」を「期待成果」にすることで、連携力を高める

また、このときに工夫したのは、個人の人時《にんじ》生産性ではなく、チームの人時《にんじ》生産性を「期待成果」に設定したことです。それにより、個人商店化していたベテランの社員同士の連携が強まり、チームの中で教え合って、

「俺はそういうとき、こうしているよ」

「お前のそのやり方、なかなかいいな」

というような会話が増えていきました。その結果、ベテラン社員が次世代の若手社員に自分の技を伝授することも行われるようになっていきました。

このようにして、この会社では、できる人が教える、ベテラン社員が次世代の社員を育てるという組織風土が醸成されていったのです。

実践4 「成長支援シート」を「社長の分身」にする

ときには、社長がベテラン社員に対して、遠慮してなかなか言い出すことができなかった改善策や新しい手法を提案する場面もありました。それに対してベテラン社員も今までとは違って大きな抵抗もなく、それは良い方法だと、徐々に受け入れるようになっていきました。これはいわば、「成長支援シート」が「社長の分身」になってきたということでもあります。

中小企業の中には、口数が多く、社員に対して何の遠慮もなく自分の言いたいことをズバズバ言う社長もいますが、社員に対して思っていることを言い出せない社長もいます。そういった社長にとって「成長支援シート」は、「自分の分身」になるため、経営者としての価値観や考え方をしっかりと伝えるためのツールにもなるのです。

成果 会社全体の生産性が向上し、ベテラン社員との一体感も醸成

これらの取り組みの成果として、主要業務の標準化が図られ、付随して業務マニュアルを整備することもできました。その結果、会社全体としての生産性が向上し、利益を大きく伸ばすことができました。給与や賞与の水準も改善することができ、社員からの不満は大きく減りました。

社長からは、「『成長支援シート』をしっかり作成したことで、会社の経営方針や自分の価値観をしっかりと社員に伝えることができるようになりました」「そのことで、経営者としてのストレスが大きく減り、精神的にものすごく楽になりました」と、満面の笑みでうれしい感想をいただきました。

【事例4の成功ポイント】

- 社長が本気で危機感をもち、自ら積極的に課題解決に取り組んだことで、ベテラン社員を巻き込むことができたこと
- 社員が「成長支援型人事制度」を、会社のための制度ではなく、自分のための制度と

意識することができたこと

●「成長支援シート」を社長の分身として活用することで、社長の価値観や考え方をスムーズに伝えることができるようになったこと

事例5 徒弟制度的人材育成を変革し、若手社員の成長意欲を高めて離職率が大改善

企業概要：A社、建設業、社員数21名

導入前の問題点：入社3年以内離職率が7割と非常に高く、事業の存続が危ぶまれていた。徒弟制度的な職場で高圧的なベテラン社員が多く、若手社員の育成への関心が薄かった。ベテラン社員同士の情報共有・連携が悪く、職場の雰囲気がギスギスしていた。若手社員は、あくせくした毎日を送るだけで、将来的な展望が見えていなかった。

建設業は、全業種の中でも特に採用難・定着難の業種です。厚生労働省が発表しているここ数年の有効求人倍率を見ても、建設業は全業種の平均と比べて4～6倍で推移しており、人手不足感がとても強い業界です。その原因としては、「現役世代の高齢化による減少」「重労働かつ長時間労働」「給与水準への不満」「年功序列」「需要の不安定さ」などがあります。確かにそのような原因もあると思いますが、私が実際にいくつもの建設業の現場に入って感じることは、現場での徒弟制度的な職場風土や人材育成の考え方の弊害も大きいのではないかと思っています。

徒弟制度とは、親方と弟子という関係のもとで技術や技能を習得する制度です。古くは江戸時代から商業や工業、芸事などの人材育成制度として確立・実践されてきました。

この徒弟制度は、人を育てるうえで良い面も多いのですが、一方で、ベテラン社員からは、

「仕事は教えてもらうのではなく、盗め」
「いちいち聞くんじゃなくて、俺の背中を見て覚えろ」
「俺たちもそうやって育ってきたのだから、お前たちもそうしろ」

と、高圧的に言われることも多く、良い悪いは別にして、今の時代の若者の感覚・ニーズからは、かけ離れている面があるのも事実です。

ここでご紹介するA社も同様で、同社ではここ数年、3年以内離職率が7割と非常に高く、採用難もあいまって、事業の存続が危ぶまれるほどの状況になっていました。

実際、私が現場に入ってみると、高圧的なベテラン社員が多く、若手の育成を放棄しているように見える方もいました。また、一人ひとりが腕に自信があるため、我が道を行く一人親方タイプの社員が多く、組織内での情報共有や連携も悪く、お客様からの苦情などの問題が発生すると、会社が悪い、社長が悪い、あいつが悪いと他責を続ける社員もいました。

一人ひとりのベテラン社員は、専門的な技術やスキルは非常に高く、お客様からの評判も良く、信頼も厚い方が多いのですが、その強みが個人の中にとどまってしまっており、他の社員や若手社員には伝わっていませんでした。

また、お客様の現場で何か問題が発生してクレームがあったときも、「俺の現場でこういう問題が起こったから、お前の現場でも気をつけろよ」などという情報共有はありません。そのため、同様の問題が複数の現場で繰り返し起きてしまうこともありました。

社長もそのような状況を憂慮しており、事業を継続していくためには、何か抜本的な手を打たなければいけないと考えていたのですが、具体的に何から行動に移せばよいかが分からないでいました。

実践1 ベテラン社員に「部下育成の基本」を一から学んでもらう

こうした状況の中で「成長支援型人事制度」の導入が始まるのですが、私が最初に行ったことは、ベテラン社員たちに部下育成の基本を学んでもらうことでした。

具体的には、ベテラン社員に集まってもらい、私が講師となって座学で月2回の部下育成研修を行いました。そこで、「建設業の環境変化」「時代の変化に伴う若者の価値観の変化」「学校教育の変化」などの大きな環境変化の状況から、自分たちの強みの発見といった棚卸し、そして部下指導の基本、業務指導の手順、コミュニケーションの取り方などの理論や実践的な方法を幅広く学んでもらいました。

本人たちは、「背中を見て盗め」と言われて育ってきたわけですから、部下育成の理論や手法などを学ぶのは初めてです。そのため、最初の頃は大いに反発され、戸惑うこともありましたが、根気よく続けることで、少しずつ納得し理解してもらえるようになりました。もともと優秀なベテラン社員の方々ですから、一度納得してもらえれば、その後の理解と習得は早いものです。半年もすると、ベテラン社員の若手に対する育成意識が大きく変わってきました。

実践2 ベテラン社員に、承認や感謝の大切さを実感してもらう

また、それと並行して構築した「成長支援評価制度」による「成長支援シート」をスタートさせ、3カ月に1回の成長評価フィードバックでは、現場の上司（ベテラン社員）から部下（若手社員）へのフィードバックを一旦保留し、まずは社長からベテラン社員へのフィードバックだけを行ってもらいました。

その理由は、ベテラン社員たちがこれまで褒められたり承認されたりする経験がほとんどなく、まずは、彼らに「承認されること」「感謝されること」の喜びや心の高まりを実感してもらいたかったからです。そして、その喜びや心の高まりを、次はベテラン社員から若手社員へのフィードバックで伝えてもらうように考えました。

実践3　トップである社長から始めることが重要

また、会議や朝礼の機会ごとに、社長から、

「人生の大半の時間を過ごす職場なのだから、上司も部下も共に人生を豊かに感じられるような現場・職場にすることがとても大切だと思います」

「そのためには、まず相手に『感謝の気持ち』を伝えることから始めることです」

という、社長自身の思いを何度も何度も語ってもらいました。

このように、研修での知識やスキルの習得と、フィードバックでの心の高揚感の保持、そして、会議や朝礼での社長の思いの表明を並行して進めることで、ベテラン社員の意識

も徐々に変わってきました。最初は、彼らも「部下の成長は部下次第」と思っていましたが、少しずつですが「部下の成長は上司次第」と思ってもらえるようになってきました。

やはり、まずはトップである社長から始め、順番に下におろしていき、全体に広げていくという、教育の大原則がとても有効であったと思います。

実践4 スキルマップを作成し、成長のプロセスを明示

もう一つ、この事例で特に工夫したことがあります。それは、通常の「成長支援シート」のほかに、建設業で身に付けるべき技術や手法のスキルマップを作成したことです。具体的には、この会社で仕事をするうえで必要となるスキルをすべて書き出し、その内容、難易度、身に付けるべき順番・期間などを明記しました。そして、今、自分がどのレベルにいるかを分かるようにしました。

これまではスキルマップがなく、とにかく「俺の背中を見て覚えろ」でしたから、今、自分がどの程度成長しているのか、どんなスキルを身に付ければもっと成長できるのか、

ということがほとんど分かりませんでした。それを、スキルマップをつくることで全体のステップアップのプロセスとゴールを明記し、今、自分がどの程度成長し、どのあたりにいるかを一目で分かるようにしたのです。

そして、このスキルマップを「成長支援シート」による成長評価フィードバックとリンクさせて使うことで、若手社員の成長意欲も高まりました。

若手社員からは、

「これまでは、言われたことをただ一生懸命やるだけだったけど、やることの意味や目的が分かり、働きがいが高まった」

「どこまで頑張ったら自分は一人前になれるのかが見えてきて、張り合いが出る」

「自分の仕事が世の中にどう役立っているのかが分かって、もっと成長しようという目標ができた」

というような声がありました。

成果　笑顔のコミュニケーションが増え、離職率が大改善

このような制度や施策を導入・実行することで、ベテラン社員の若手の成長に対する意識が大きく変わり、ベテラン社員が部下の成長を自分の成長のことのように喜べるようになりました。また、ベテラン社員として、自分のスキルや技術を次の世代につなげていくことも喜びになりました。そのような意識が全体に浸透することにより、現場での笑顔のコミュニケーションが確実に増えたと思います。

「成長支援評価制度」導入から1年後には、7割あった入社3年以内離職率が3割に改善し、導入から2年後には離職率がゼロになったのです。ここで社長は、事業継続性の向上を確信したのです。

【事例5の成功ポイント】

- 社長が先頭に立って自らベテラン社員への評価フィードバックを行うことで、彼ら自身の成長意欲を高めたこと
- 人事制度の実施と並行して部下指導の研修を行い、部下育成やコミュニケーション

の考え方や手法の基本を身に付けたこと

●「スキルマップ」の作成により、若手社員が自分の成長段階を客観的に把握することができ、成長意欲が高まったこと

●複数の取り組みを並行して行うことで、ベテラン社員が、部下の成長は上司自身の成長が前提になっているということの腹落ちができたこと

以上、ここまで「成長支援型人事制度」の構築・導入・実践事例を5つご紹介してきました。

各事例における「成長支援型人事制度」の導入理由や進め方、また、その成果や成功のポイントは事例ごとで異なりますが、いずれの事例も、その根底には「縁あって共に働いている社員が皆、人生を豊かにし、幸せを共に感じられる会社にしたい」という、社長の強い思いが流れています。

私は、多くの中小企業で「成長支援型人事制度」の構築・導入・実践のお手伝いをさせていただく中で、社員に「ここで働きたい！　ここでもっと成長したい！」と思ってもら

い、会社の業績を向上させていくためには、大前提として、経営者である社長自身が「縁あって共に働いてくれる社員を幸せにする」という考え方の軸をもつことがとても大切ではないかと思います。

第8章

“人が辞めずに育つ人事制度”の構築が
社員の働く喜びをつくる

人材定着は
ゴールではなく、
未来へ踏み出す第一歩

「元気な中小企業」の7つの特徴

私はこれまでの20年間で650社以上の中小企業に対して、「成長支援型人事制度」の構築・導入・実践のお手伝いをしてきました。そして私には、多くの中小企業に「元気になってもらえた」という喜びがあります。その中で、「元気な中小企業」に共通する特徴を抽出しました。それは次の7つです。

特徴1 経営者のビジョンが明確で、社内に周知され、浸透している

1つ目は、経営者が明確な経営ビジョンをもっており、それが社内に周知され、浸透していることです。経営ビジョンとは、経営者の価値観や信念、考え方に基づき、自社が目指す方向やゴールを〝ビジブル（目に見える）〟な形で描いたもので、いわば企業の未来図といえます。

経営ビジョンは企業の成長や発展に必要不可欠なものです。経営ビジョンがあることで、短期的な利益だけを追いかけるのではなく、長期的な成長に向けた取り組みができます。また、経営者と社員が同じ方向を向いて仕事をすることで、社員は自分の仕事がいかに会社の未来に貢献できているかを実感でき、モチベーションを高めることができます。

「成長支援型人事制度」においては、その会社の経営ビジョンに基づいて「成長支援シート」の期待成果・重要業務・知識技術・勤務態度を設定します。また、3カ月に1回の成長評価フィードバックの場において、経営ビジョンを確認し、自分の成長が経営ビジョンの実現にどう貢献しているかを確認することで、スムーズに経営ビジョンが社内に浸透していきます。

特徴2　環境の変化に合わせたマネジメントができている

2つ目は、経営者はもちろんのこと、若手社員の成長支援を担う管理職層や中堅職層の社員も、時代の変化や経営環境の変化に応じたマネジメントができているということです。

以前の高度経済成長期やバブル期には、経済が毎年のように右肩上がりで成長していたため、働く社員も経済の成長に合わせて自分が成長しているように思えることができていました。物質的な豊かさの成長を、自己の成長と重ね合わせて感じることができていたというわけです。しかし、約30年前から、経済成長が停滞している現在の日本においては、そのような物質的な豊かさの成長による自己の成長実感は望めません。そのため、人々は精神的な豊かさの成長による自己の成長実感を望むようになってきています。

ただ、自分が成長しているかどうかは、自分ではなかなか分からないものですし、他者から言われて初めて、自分の成長に気づくことが多いのです。そのため、部下の成長支援には、上司からの承認や感謝が今まで以上に重要になってきているのです。

また、若者のキャリア意識も大きく変化してきています。自分がやりたい仕事、なりたい姿を明確にして、そのために必要な知識や技術・スキルを身に付ける、自分の将来的なステップアップのプロセスを描くという意識が強くなってきています。そのこと自体は、とても良いと思うのですが、一歩間違えると

「それは自分がやりたい仕事とは違うので辞めさせてもらいます」
「私のキャリアプランに合わないので辞めさせていただきます」
などという安直な退職申し出につながりかねません。

現代では、彼らのキャリア意識に合わせて、仕事の意味や社会的な意義を説明し、将来的なステップアップの道筋を明確にする必要があります。

「成長支援型人事制度」においては、精神的な豊かさを感じる意味でも、3カ月に1回の成長評価フィードバックで、部下の成長の状況を確認し、上司からの承認や感謝の言葉により部下の成長を支援します。そして、等級ステップアップ制度を公開・共有することで部下が自らの成長の道筋を描くことができるようにしています。

また、必要に応じて、評価者（成長支援者）を集めた研修を行うことで、最近の社会環境の変化や若者の働く意識の変化に関して考える場を設けています。

このように、社会環境や若者の意識の変化に応じたマネジメントをしているのです。

特徴3 小さな成功・成長を、皆で喜べる仕組みをもっている

3つ目は、最終的な大きな成功・成長を待つのではなく、小さな成功・成長があった都度に承認・評価してもらえる会社です。階段を1段上るごとに「やったね」「すごいね」と小さな成功・成長を皆で喜べる会社だということです。

人間は根源的な本能として「心理的ホメオスタシス＝心の恒常性」というものをもっています。この本能は、現在の生活様式や環境、自分の行動を維持し、昨日までと同じように生きていくという本能です。これにより、精神の安定を保つことができますが、変化に対する抵抗となって現れます。そして、大きな変化に対しては拒絶感をもちます。この心理的ホメオスタシスを克服する秘訣《ひけつ》は、大きな変化を小さな変化にすることです。そのためには、変革するための行動を小さなステップにし、習慣化できるようにスケジュールを立てることです。

「成長支援型人事制度」においても、部下の改善行動の支援を行うときは、大きな目標を

できるだけ小さな目標に分解して支援をします。改善行動の内容、開始時期、実施期間、進め方、ゴールイメージなどをできるだけ具体的で細かい目標行動に分解して計画します。そうすることで、変化への抵抗感を少なくしていくのです。

そして、3カ月に1回の成長評価フィードバックで、できたことを、プロセスにフォーカスして、承認・賞賛するのです。成長評価フィードバックの場は、できたことと、できていないことを確認する場だけではなく、上司と部下が共に「やったね」「すごいね」と喜び合う場なのです。

特徴4 教えることが、最高の評価になっている

4つ目は、自分一人ができることよりも、周りの人に教えること、共有することを最も高く評価するということです。つまり、元気な中小企業では、自分一人が元気であることだけでなく、自分の周りの仲間たちを元気にすることが、より価値が高い行動だと考えているのです。

これは「成長支援型人事制度」の考え方においても同様です。部下自身が優れた成果を

上げるだけでは「4」点止まりです。その部下が優れた成果を出すやり方やノウハウを周りに教えて共有することで「5」点とすることにしています。そうすることによって、個人が成長するだけでなく、社員同士が成長し合い、会社全体の成長にもつながるのです。

元気な中小企業は、優れた社員がその優れた行動や知識、ノウハウなどを周りの社員に教えて共有する、という仕組みをもっているのです。

特徴5　会社と社員が、強いパーパスをもっている

5つ目は、会社と社員のパーパスが明確であるということです。パーパスというのは二重構造になっていて、外側には「会社の存在意義」があり、その内側には「社員一人ひとりの仕事の意義」があります。仕事の意義とは、社員一人ひとりの仕事がいかに世の中の役に立っていて、自分の仕事がどう誇れるものであるか、ということです。

「成長支援型人事制度」においては、「成長支援シート」の成長要素を考える際にパーパスとの関連を重視します。

日常のコミュニケーションや成長評価フィードバックの中で、部下に対して「その仕事がいかに世の中にとって重要な仕事なのか、誇りのもてる仕事なのか」ということを繰り返し伝えていく必要があるのです。

特徴6 社員の成長が、会社の利益と結びつくように設計されている

6つ目は、社員の成長が会社の利益と結びつくように設計されているということです。人材不足が深刻化する中小企業においては、社員の定着・成長を促進することで、利益確保・業績向上につながり、事業の継続性が向上していきます。会社の業績を向上させ、事業を継続させるためには、社員一人ひとりの努力や成長が会社の売上や利益につながるように道筋を明確にする必要があります。社員の頑張りが会社の収益につながらなければ、会社としても社員にとっても不幸なことです。したがって、社員の成長が会社の収益につながるように、「成長支援型人事制度」を設計する必要があるのです。

特徴7 「成長を支援する仕組み」が、会社の強みになっている

7つ目は、「成長支援型人事制度」自体が、その会社の強みになっているということです。「成長支援型人事制度」の仕組みは、人材の定着・成長の場面だけでなく、採用面接の場面でも大いに活用することができます。

一般的に、採用面接というのは、労働条件の提示や仕事内容などの説明が中心になります。それらを説明することで、会社の仕組みや具体的な仕事内容を理解してもらうことが目的です。しかし、中小企業の採用面接では、労働条件の提示や仕事内容の説明よりも応募者に「この会社で働いてみたい」「この会社は、自分が成長できる可能性がありそうだ」「面白そうだから、ちょっとこの会社に懸けてみようか」と思ってもらわなければなりません。

そのため、私は採用面接のお手伝いをする際には、応募者に対して「どんな仕事をやってもらいたいか」ではなく「この会社には、このような、社員の成長を支援する考え方とその仕組みがある」ということをお伝えします。そして、

「あなたには、最初はこの仕事をやってもらいますが、それ以外にも幅広い仕事を経験してもらい、将来的にはもっと大きく成長してもらいたいと考えています」

「そして、会社の屋台骨になってもらい、次世代の人たちにもあなたの経験やスキルを伝えていってほしいのです」

「最後に、あなたには、この会社での成長を通して、世の中や人の役に立つ喜びを増やしてもらい、心豊かな人生を築いていってほしいと思うのです」

というようなことを伝えることにしています。


このような話を面接で伝えると、入社後に「聞いていた仕事とは違います」というクレームはなくなります。そして「最初に言われていた仕事とは違うかもしれないけれど、いろいろな仕事を経験させてもらうことで、自分がもっと成長できるようチャレンジしていきたい」と思ってもらえるようになるのです。それは、個人が心の中でそう思うだけではなく、結果的に、社員同士が力を合わせ、お互いに助け合う会社の組織風土づくりにもつながっていきます。そして、そういう一人ひとりの気持ちや思いが元気な中小企業の原動力になっていくのです。

社会貢献の原動力としての「成長支援型人事制度」

「そもそも〝企業の目的〟とはなんでしょうか」

私は、中小企業の経営者や管理職向けの研修やセミナーでよくこの質問をします。経営者や管理職の方からよくある回答としては、「売上の拡大」「利益の追求」などです。また、「顧客満足」「社員の雇用」「納税」などの回答もありますが、皆さんはどうお考えになりますか。

私は、売上や利益は企業の目的ではなく、事業継続のための手段であり条件にすぎないと考えています。

P・F・ドラッカーも、著書『現代の経営（上）』（ダイヤモンド社）で「事業体とは何かを問われると、たいていの企業人は『利益を得るための組織』と答える。たいていの経済学者も同じように答える。この答えは間違いではないが的外れである。……もちろん、

図25　企業の目的

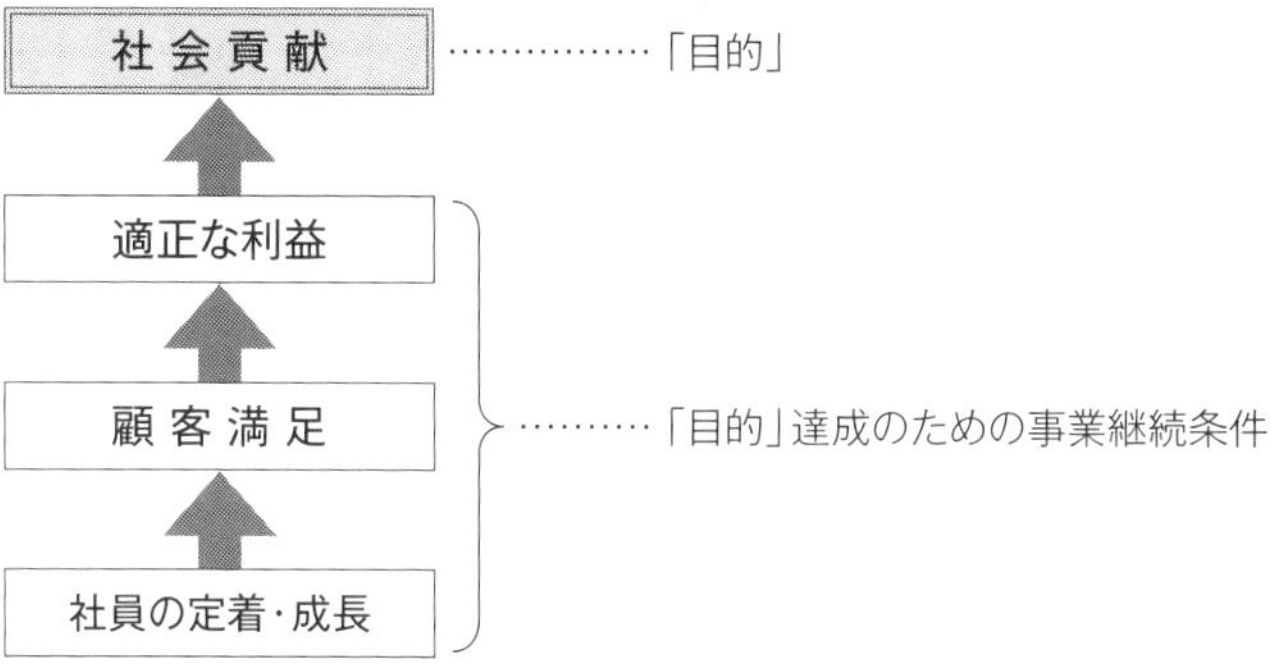

利益が重要でないということではない。しかし、利益は企業や事業の目的ではなく、条件なのである」と述べています。

企業にとって本当に重要なことは「社会に貢献でき、世の中の人から必要とされること」だと考えます。つまり「社会貢献」ということです。それが、企業の目的でありゴールだと考えるのです。そうでなければ、事業の継続はあり得ないと思うのです。

最上位にあるのは「社会貢献」であり、そのためには「適正な利益」が必要になります。その「適正な利益」は、「顧客満足」から生まれるものであり、そして、「顧客満足」をいちばん底から支えているのが「社員の定着・成長」であると考えます（図25）。

会社の目的が売上・利益ではなく、社会貢献であるということは、個人の仕事の意義や目的がお金のためや生活のためだけではなく、人の役に立つこと、世の中から必要とされることであることと同様であると思います。

「お金の土俵」ではなく「心の土俵」で勝負する

現在、多くの中小企業で行われている人事制度は、まだまだ「評価と賃金を決めるためのツール」ととらえられているのが現実です。表向きでは組織活性化、社員の意欲向上が重要だといわれることもありますが、最終的には、公平に評価をして、公正に賃金を支払うことができさえすれば、それでいいと思われているところもあります。

それに対して、「成長支援型人事制度」は、公平な評価や公正な賃金決定だけでなく、社員の定着・成長を促進し、その結果、「会社の業績を向上」させ「事業の継続」を図るものなのです。いくら公平な評価や公正な賃金決定をしたとしても、それだけで社員が定着・成長するわけではありません。それだけで「ここで働きたい！ ここでもっと成長したい！」と思えるような会社になることはできないのです。

企業は人が資本であるといわれますが、特に中小企業においては人が宝であり価値そのものだと思います。ですから、一人でも多くの社員に、「私はここでもっと頑張って成長したい！」「そして、もっと世の中の役に立ちたい！」と思ってもらいたいと考えています。そしてそのためには、「この会社で働くことで、自分の人生がますます心豊かになり、幸せになれる」と思ってもらうことが必要です。

精神的な豊かさが求められる時代において、「お金の土俵」ではなく、「心の土俵」で勝負することが重要なのです。

幸せのためには、自分の心が満たされることが必要です。そのための要素としては、もちろんお金もあります。しかし、お金はあくまでも手段であり、それ以上に自己成長や人間関係が大切です。また「自分が世のため人のために役立っている」という充実感も重要です。そういうもので自分が満たされてくることによって「自己重要感」が高まり、心の豊かさや幸福感につながっていくのだと思います。「成長支援型人事制度」は、この「自己重要感」を高め、幸福感につなげる仕組みなのです。

そして、「自己重要感」が高まる会社こそが「ここで働きたい！　ここでもっと成長したい！」と思える会社であり、それが「成長支援型人事制度」の使命でもあるのです。

日本の中小企業は、今、どこも深刻な人材不足に直面し、売上や利益などの業績を向上させることに四苦八苦しています。

そうした中で、一社でも多くの中小企業に、社員から「ここで働きたい！　ここでもっと成長したい！」と言われる会社になってもらい、その会社の経営者や社員一人ひとりの笑顔をもっともっと増やしていきたい。それが私自身の最大の使命であり、私のパーパスであると考えています。

おわりに

企業が発展しながら、経営者と社員が共に感謝し合える、笑顔あふれる幸せな職場を数多く世に創り出していく。そして、一社でも多くの企業に、一人でも多くの経営者に、一人でも多くの社員に幸せになってほしい。

これは、私の前著である『間違いだらけの人事制度』（ギャラクシーブックス／2017年）の「あとがき」で書いた言葉です。それから約8年経ちましたが、この思いは少しも変わっていません。

それどころか、その後、日本の中小企業の人材不足はますます深刻化の一途をたどり、経営環境や労働環境規制でも、中小企業にとっては逆風が吹き続けているため、この思いはますます強くなっています。

そうした中で今、私が特に思うことは、これからの中小企業にとっては、新しい優秀な人材を採用することよりも前に、まずは今、目の前で働いてくれている社員に定着・成長してもらうことを優先して考えるべきであるということです。一人ひとりの社員に「ここで働きたい！　ここでもっと成長したい！」と思ってもらうことが、会社の継続・発展の原動力になるのです。そして、そのためには、縁あって同じ会社で働いている者同士が、共に心豊かになれる仕組みが必要なのです。

なぜ、私が強くそう思うようになったのかをお伝えします。

今から約20年前の独立当初、私は、人事コンサルタントとしてではなく、経営コンサルタントとしてスタートし、中小企業のＩＰＯ（新規上場）やＭ＆Ａ（企業買収）の仕事などにも携わっていました。

企業買収の場合、買収する企業と買収される企業に分かれますが、合併後も２つの人事制度が併存してしまうことがあり、その結果、社員同士が水と油のように反目し合ってしまうこともありました。違う人事制度が原因で、一つの会社の社員が分断されたり、一方の人事制度で動く社員がダメになっていったりすることを目の当たりにしてきました。そして、自分の非力さからどうすることもできなかったことが多くありました。

そうした中で、私は、「人事制度とは、いったいなんなんだろう」と思い悩むことが続いたのです。

本来、人事制度とは、経営戦略を担う礎として、社員の成長を促し、それを会社の発展・継続につなげていく仕組みのはずです。しかし、その考え方・使い方次第で、まったく逆の効果も生んでしまうのです。

では、どうすれば、社員が一体感をもてるような人事制度をつくることができるのか。

そのときに気づいたことは、うまくいっている会社の経営者が共通してもっている想いでした。それは、「何かのご縁でたまたま一緒になった者同士、互いに人生を豊かにすることができる職場にしたい」という想いです。

そして私は、その想いを実現できる人事制度をつくり、悩める中小企業のお役に立ちたいと思ったのです。それから私は「経営コンサルタント」ではなく、「経営・人事コンサルタント」と名乗り、本格的に人事制度の構築に携わるようになったのです。

私の会社は「株式会社エニシードコンサルティング」といいます。この会社名は、人と人との「縁（エニシ）」を大切にし、事業継続の根本となる、一人ひとりの社員、つまり「種（シード）」が大きく成長するお手伝いをさせていただきたい、という想いから付けたものです。

会社とは、人と人との「縁（エニシ）」から大きくなっていくものです。そして、社員一人ひとりは成長できる「種（シード）」であって、その種に水をあげて皆で育てていこうというのが「職場」なのだと思います。職場とは、一人ひとりの種を、皆で愛情をもって育て、花を咲かせていく場なのです。

そういう想いから、本書でお伝えしてきた「成長支援型人事制度」も生まれました。人材状況や経営環境が厳しい今こそ、この「成長支援型人事制度」を、少しでも多くの中小企業で構築・導入・実践いただくことで「一社でも多くの企業に、一人でも多くの経営者に、一人でも多くの社員に、幸せになってほしい」と思っているのです。

しかし、私ができることは、直接のご縁をいただくことができるほんの一部の中小企業に限られます。日本にある336・5万社の中小企業のほんの一部にすぎません。

本書は、少しでも多くの中小企業の経営者の方々に「成長支援型人事制度」の考え方が広まり、そこで働く経営者や社員の方々に、働くことを通して心豊かに幸せになってほしい、という思いで書き上げたものです。

微力ではありますが、本書を手にとっていただいた中小企業の経営者・経営幹部の方々、そして人事制度でお悩みのすべての方に、少しでもお役に立つことができれば、このうえなく幸いに存じます。

このご縁（エニシ）に感謝申し上げますとともに、皆さまの心の種（シード）から花が咲くことを切に願っております。

2025年4月

株式会社エニシードコンサルティング　代表取締役

名古屋ワークスマネジメントオフィス　代表

荻須清司

荻須清司（おぎす きよし）

1963年愛知県名古屋市に生まれる。

大学を卒業後、東証一部上場住宅設備機器メーカー、エクステリアメーカーなどで約20年間、営業、人事、法務、経営企画に従事し、M&A、海外現地法人設立、株式店頭公開業務にも携わったのちに独立。2005年に名古屋ワークスマネジメントオフィスを設立し、中小企業の経営・人事労務支援を行うなかで、多くの人事制度が社員の成長や生産性向上などの課題を解決しないことに疑問をもつ。2013年に株式会社エニシードコンサルティングを設立し、人事制度構築支援を本格的に開始。経営者と社員の幸せを両立する経営・人事コンサルタントとして、これまでの20年間で、中小企業を中心に650社以上の「正しい人事制度」構築支援を行い、人材育成研修・セミナーでは1万人を超える支援実績を誇る。

また、北海道から沖縄まで全国に幅広い顧客をもち「5年で年商を30億から120億にした」「社員の離職率が7割からゼロに大改善した」「自分の価値観を後継者と社員にしっかりバトンタッチできた」など、数えきれないほどの喜びの声を得ている。著書『間違いだらけの人事制度』（ギャラクシーブックス）は、2017年10月にAmazonの企業経営の部でベストセラー1位を獲得。

特定社会保険労務士、中小企業診断士、行政書士、キャリアコンサルタント、米国NLP協会認定NLPマスタープラクティショナーなどの資格を所有する。元名古屋商科大学大学院マネジメント研究科客員教授・経済産業省職員研修講師。

会社HP：https://www.eniseed.com/

本書についての
ご意見・ご感想はコチラ

ここで働きたいと言われる会社になる
中小企業のための
人が辞めずに育つ人事制度

2025年4月10日　第1刷発行

著　者　　荻須清司
発行人　　久保田貴幸

発行元　　株式会社 幻冬舎メディアコンサルティング
〒151-0051　東京都渋谷区千駄ヶ谷4-9-7
電話　03-5411-6440（編集）

発売元　　株式会社 幻冬舎
〒151-0051　東京都渋谷区千駄ヶ谷4-9-7
電話　03-5411-6222（営業）

印刷・製本　中央精版印刷株式会社
装　丁　　弓田和則

検印廃止

Printed in Japan
ISBN 978-4-344-94914-0 C0034
幻冬舎メディアコンサルティングＨＰ
https://www.gentosha-mc.com/